# Johann Heinrich Jugler

# Leipzig und seine Universität vor hundert Jahren

Verone

Johann Heinrich Jugler

# Leipzig und seine Universität vor hundert Jahren

1st Edition | ISBN: 978-9-92500-010-4

Place of Publication: Nikosia, Cyprus

Erscheinungsjahr: 2015

TP Verone Publishing House Ltd.

Nachdruck des Originals von 1879.

# Leipzig
und
## seine Universität
vor hundert Jahren.

———

Aus den gleichzeitigen Aufzeichnungen

eines

### Leipziger Studenten

jetzo zuerst an's Licht gestellt.

*Promenade de Leipzig*
La place de la Naftmarckt, inequit la porte de S.t Thomas
Imprimé d'après nature, à Paris, à Singende par J.A. Rosmasten 1749 1777

## Zur Einführung.

Unsere städtischen Behörden haben uns in diesem Jahre mit einem stattlichen Werke beschenkt, das einen Rechenschaftsbericht über die Entwickelung unseres Gemeinwesens in den letzten 10 Jahren und eine Schilderung seines gegenwärtigen Zustandes bietet, mit allen Mitteln ausgeführt, die die Wissenschaft unsrer Tage gewährt. Mit bereiter Zustimmung wird jeder Leipziger, der auf seine Stadt stolz ist, dies Unternehmen begrüßt haben, denn zu den Zeichen eines blühenden Gemeinwesens gehört es auch, daß es auf seine Geschichte einen erhöhten Werth zu legen beginne. Und wie jenes Werk ein Symptom dieses gesteigerten Interesses für die Geschichte unseres städtischen Organismus ist, so wird es, dürfen wir hoffen, rückwirkend den Sinn für localgeschichtliche Forschung seinerseits steigern und immermehr in die rechten Bahnen lenken.

Es war ein eigenthümlicher Zufall, daß, angesichts jenes Werkes, in der Fremde ein Manuscript auftauchte, das gerade vor 100 Jahren entstanden war, in der Absicht, ein Bild des damaligen Leipzig, des Leipzig vom Jahre 1779, zu entwerfen, und das somit jenem Werke so zu sagen einen Säcularspiegel entgegenzuhalten schien, zwar nicht so umfassend, nicht entfernt mit gleichen Mitteln hergestellt, aber immerhin eine achtungswerthe Leistung, und auch in seinen Mängeln ein Zeugniß für seine Zeit, der die Mittel noch nicht zu Gebote standen, über welche die unsere verfügt, und die noch dem Zufall und der Liebhaberei überließ, was heute die Spitzen des städtischen Gemeinwesens als ein würdiges Ziel zusammenwirkender Kräfte betrachten.

Gewiß war es gerechtfertigt, dies Document nicht in der Vergessenheit umkommen zu lassen, sondern es dankbar der Oeffentlichkeit zu übergeben.

Es ist das Werk eines jungen Mannes, eines Studenten, der als er seine Beobachtungen begann, erst im 20. Lebensjahre stand. Aber er besaß einen klaren Verstand, und eine nicht geringe Uebung im Beobachten. Aus angesehener Familie stammend, war er, wie 10 Jahre vorher Goethe, in vielen der besten Häuser der Stadt eingeführt, und hatte Gelegenheit, Manches zu sehen und zu hören, und über Manches sich ein Urtheil zu bilden, was der Mehrzahl seiner Commilitonen unzugänglich blieb. Ernster, wahrheitsliebender Sinn war ihm eigen, schriftstellerische Gewandtheit in seiner Familie angeerbt.

Seine Aufmerksamkeit ist nicht nach allen Seiten gleichmäßig gerichtet. Wie es dem jungen Gelehrten geziemt, wendet er sein Hauptinteresse der Wissenschaft und der Kunst zu, achtet wohl auch auf die Formen des socialen Lebens; ein weit geringeres Interesse aber hat er für den Handel der Stadt, den in seiner Bedeutung kennen zu lernen ihm wohl die Gelegenheit fehlte. Was sein Interesse erregte, erscheint uns bisweilen zu ausführlich behandelt, wie die Aufzählung sämmtlicher Bildnisse auf den beiden Bibliotheken unserer Stadt, von denen heute ein Leipziger kaum noch etwas weiß. Aber es gehört auch zu der erwähnten Ausbildung geschichtlichen Sinnes, daß man der Schätze, auf die unsere Vorfahren stolz waren, nicht vergesse, und so mag es sich wohl verlohnen, hier kennen zu lernen, welch ein Werth vor 100 Jahren, lange bevor wir ein eigenes städtisches Museum besaßen, auf jene Sammlungen von Einheimischen und Fremden gelegt ward.

Es fehlt nicht an Schilderungen Leipzig's aus dem vorigen Jahrhundert, wenn auch keine nennenswerthe so hoch hinaufreicht wie die vorliegende. Wenige Jahre, nachdem sie geschrieben war, im Jahre 1784, erschien eine viel ausführlichere, aus der die vorliegende manche Ergänzung hätte entnehmen können, dennoch behält sie neben jener ihren eigenthümlichen Werth. Denn, von manchen der unsrigen eigenthümlichen Mittheilungen ganz abgesehen, ist jene das Werk eines halbgelehrten, nicht unabhängig dastehenden Mannes, der urtheilslos und schönfärbend eine schablonenhafte Literatenarbeit lieferte. Unser

Verfasser dagegen war ein Fremder, ein junger, rückhaltslos urtheilender Mann, der ungenirt und frisch seine Eindrücke niederschrieb. Er hat sein Werk nicht für bedeutend genug gehalten, um es zum Druck zu bringen — und manche kleine Nachlässigkeiten in der Form und im Ausdruck erklären sich hierdurch, — auch wir wollen es nicht überschätzen, aber durch seine frische Anschaulichkeit und seine Offenheit wird es immer ein höchst beachtenswerthes Document für Leipzigs Vergangenheit bleiben. Für den, der sich gerne ein möglichst zutreffendes Bild von dem Leipzig zu der Zeit, als Goethe in demselben weilte, entwerfen möchte, giebt es keine Schilderung, die so nahe an jene Zeit hinanrückt, wie diese.

Der Verfasser ist nicht fertig geworden. Nicht selten läßt er eine Handbreit, oft eine ganze Seite frei, um Raum für Nachträge und weitere Ausführungen zu haben. Die fernere Umgebung Leipzigs, die doch deutlich erkennbare Reflexe in unsere Stadt warf, hat er noch nicht ausreichend kennen gelernt, den Volksbelustigungen noch nicht die ihm selbst genügende Aufmerksamkeit zugewandt; der Herausgeber hat dennoch gemeint, alles so geben zu sollen, auch das Unfertige, wie es da stand. In Betreff der Volksbelustigungen aber, nicht der geringfügigsten unter den Lebensäußerungen einer Stadt, schien es gestattet, eine Ergänzung eintreten zu lassen aus einem seltenen und wunderlichen Buche.

Im Jahre 1768, also als Goethe noch in unsrer Stadt weilte, erschien eine Serie von Heften, die nicht zu Ende geführt zu sein scheint, unter dem Titel „Leipzig nach

**Zur Einführung.**

der Moral beschrieben von Baron von Ehrenhausen."*) Es ist dasselbe Buch, in welchem zuerst Leipzig ein klein Paris genannt wird. Der pseudonyme Verfasser war, wie J. G. Schulz 1787 in seinem Nachtrage zur Beschreibung der Stadt Leipzig sagt, ein Candidat der Theologie, dem in Folge dieser Schrift „jemals die Kanzel zu betreten untersagt ward". Das Buch wurde confiscirt und fast ganz ausgerottet, auch J. G. Schulz hatte es nicht zu Gesicht bekommen. Ein unheimlicher Ruf hatte sich an dasselbe geknüpft, und Schulz schließt die Erwähnung des Werkes mit den Worten „das muß ein heilloses Buch sein!!!!"

Dies „heillose" Buch befand sich in den Händen des Herausgebers. Es enthält allerdings Manches, das ein Candidat der Theologie lieber hätte ungeschrieben lassen sollen, es ist überdies zu breit und in seiner stets ironisirenden Tendenz zu gespreizt, um auf die Dauer zu unterhalten; aber es enthält doch auch manche wohlgelungene Schilderung, und gerade einige, von unserem Verfasser nicht mehr zur Geltung gebrachte Momente sind in ihm sehr anschaulich dargestellt. Es schien so erlaubt wie angebracht, gegen Ende Einiges hiervon diesem Buche zur Ergänzung einzuverleiben, natürlich unter deutlicher Kennzeichnung, wo der neue, auch an sich schon nicht zu verkennende Autor eintrete.

Die beiden Grundrisse und das Titelbild werden, wie wir hoffen, als eine willkommene Zugabe gelten dürfen.

---

*) Ein späterer Gesammttitel lautet: Das nach der Moral beschriebene Galante Leipzig ꝛc.

Gerne hätte man mehr der Art beigefügt, aber die meisten „Prospecte", die aus jener Zeit (ca. 1775—1785) auf uns gekommen sind, eigneten sich nicht zur Vervielfältigung.

So möge denn dies Büchlein, das hundert Jahre vergessen im Staube gelegen hat, getrost hervortreten, und möge ihm und seinem längst heimgegangenen Verfasser noch nachträglich ein freundlicher Empfang werden.

Leipzig, im Frühling 1879.

**Der Herausgeber.**

# Inhalt.

### Erstes Capitel.
Zur allgemeinen Orientirung: Charten, Prospecte, Stapelrevier, Lage, Flüße, Holzflöße, Größe der Stadt, Thore, Markt, Häuser, Straßen, Laternen, Einwohner . . . . . . . . . . . . . . . 1

### Zweites Capitel.
Oeffentliche Gebäude: Kirchen, Schulen, Consistorium, Rathhaus, Oberhofgericht, Schöppenstuhl, die Bühnen, Rathskeller, Börse, Burgkeller, Brodbäckerei, Gewandhaus, Rathsbibliotheck, Zucht- und Waisenhaus, Amthaus, Posthaus, die alte Post, der Poststall, Etwas von der Einrichtung der Sächs. Posten, Marstall, Peters-schießgraben, Ranstädter-Schießgraben, Wasserkünste, Lazareth, Hospital, Reitbahn, Comödienhaus, Pleißenburg, Maleracademie . . 10

### Drittes Capitel.
Die hervorragenderen Privatgebäude . . . . . . . . . . . . 31

### Viertes Capitel.
Die Universität, Professoren und Studenten: Dotation und Collegia derselben, Professoren, Promotionen, was zur ersten Einrichtung eines dort Studirenden vorzüglich gehört, Vorlesungen, Antiquarien, Nachrichten von einigen Professoren, Etwas vom medicinischen Studium daselbst, Anatomisches Theater, Botanischer Garten, Universitäts-Bibliotheck, Andere Bibliothecken . . . . . 33

### Fünftes Capitel.
Gelehrte Gesellschaften, Sammlungen, Buchhandel: Gelehrte und andere öffentliche Gesellschaften, Modell- und Maschinen-

Inhalt.

Seite

sammlungen, Naturalien-Cabinette, Ludwigsches osteologisches, Malerey-Cabinette, Kupferstichsammlungen, Buchhändler, Buchdrucker, Bücherverleiher, Disputationshändler, Kunsthandlungen, Notenhandlungen, Künstler, Gelehrte . . . . . . . . . . . . 70

### Sechstes Capitel.
Gasthöfe, Speisewirthe, Münzcours. . . . . . . . . . . . . 76

### Siebentes Capitel.
Plaisirs und Zeitvertreibe: Concerte, Comedie und Schauspielergesellschaft, Lindenallee, Rosenthal, Gärten, Dörfer um Leipzig, Fiacres, Miethpferde, Thorschluß, Harmonie, Schlittenfarthen, Bälle, Fischerstechen, Johannistag, Kletterstange, Vogelschießen, Dorfkirmßen, Martinsschmäuse, Schlittschuhfahren und Stuhlschlitten, Christmarkt, Coffeehäuser und -Gärten, Weinschenken, Schweitzerbecker, Bierschenken . . . . . . . . . . . . . . . . 78

### Achtes Capitel.
Messen . . . . . . . . . . . . . . . . . . . . . . . . . 110

### Neuntes Capitel.
Städtchen und Städte in der Nachbarschaft von Leipzig . . 111

### Anhang.
Einiges zur Literatur über Leipzig . . . . . . . . . . . 115

# Erstes Capitel.

## Zur allgemeinen Orientirung.

Ein noch ziemlich brauchbarer Grundriß von Leipzig steht in Merians Topogr. Saxon. superioris. Ausserdem hat man drey Grundrisse: einen von Matthias Seutter, illuminirt; den andern haben die Homannischen Erben 1749 ebenfalls illuminirt herausgegeben; der dritte ist von le Rouge, Paris 1757, schwarz, alle drey in Landcharten-Format. Die beiden letzteren haben in Ansehung der bestimmtern Genauigkeit den Vorzug vor dem ersten, einige wenige Kleinigkeiten, die sich vielleicht unter der Zeit geändert haben mögen, ausgenommen.[1]

Drey Prospecte von Leipzig fallen mir bey: 1) einer unter dem Seutterischen Grundriß: 2) der andere unter dem Fol. 1. der Scenograph. Lipsiacae. Beide sind nicht vorzüglich getroffen, und noch obendrein von der schlechtesten Seite, von Südost oder Osten, abgenommen. Doch ist von beiden der letzte noch der beste. 3) Ein andrer, aber sehr grotesker, schlecht gestochner Prospect von Leipzig, worauf noch die alten Festungswerke sind, steht im neugierigen Passagier, (Frckft u. Leipzig 1767. 4°).[2] — Der Markt nebst einem großen Theile der Stadt Leipzig, von J. G. Schreiber delin. und gestochen, ist ein einzelnes Queerblatt in fol. aber sehr elend, und regellos. Jedoch läßt sich einiges ziemlich daraus erkennen.³ — Scenographiae Lipsiacae folia duo, adcur. J. E. Schefflero, in officina Homanniana, 1749, Landkartenformat, enthalten, wenn sie nur nicht illuminirt wären, ziemlich ähnliche Prospecte von Leipziger Gebäuden. — Eine Karte vom Leipziger Kreise hat man von Matth. Seutter, unter dem Titel Praefectura Lipsiensis. Aug. Vind. Die Carte itineraire par le pays de l'Electorat de Saxe, faisant voir les grands chemins depuis Lipsic jusqu'aux Villes les plus principales des Pays circonvoisins, ... par les heritiers de Homann, 1752, hat das Vorzügliche, daß in dem Zirkel von 15 Meilen um Leipzig das der Stadt verliehene Stapelrevier mit einer besondern Punktengränze darauf angezeigt ist.

Beschreibungen von Leipzig sind mir, ausser den Reisebeschreibungen, vorzüglich zwey bekannt. Die eine findet man in Ludovici Kauffmanns- und Handels-Lexicon unter dem Artikel: Leipzig. Die andre ist, ohne Bestimmung des Orts und des Jahres⁴ (zu Leipzig) in Octav besonders herausgekommen, unter dem Titel: Kurze Nachricht von der Stadt Leipzig und absonderlich von der Universität daselbst. (160 S. mit einem Titelkupfer.) Jene aber ist besonders nur zum Unterricht der Kaufleute eingerichtet, und diese beschäftigt sich mehr mit der Academie, als mit der Stadt selbst. Das Merkwürdigste steht auch im jedesmaligen Leipziger Addreß-Calender angeführt. — Der Hofrath Böhme wünschte einigemal eine Beschreibung von Leipzig, nach Murr's Beispiele. „Ich höre", sagte er noch zuletzt einmal, „daß so etwas davon im Werk seyn soll; vielleicht macht sich wohl der Buchhändler Reich daran." — Wären von Leipzig nur so viel Kupferstiche, als ich selbst schon von Göttingen besitze! Göttingen verdient sie kaum; aber freilich: Wind! Wind!

Leipzig liegt im Leipziger Craise, im Marggrafthum Meissen, an den Flüssen Pleisse, Bare oder Parde, und Elster. Die Pleisse kömmt südwärts auf Leipzig und bestreicht die ganze Westseite der Stadt und des Schlosses. Auf der Pleisse ist vor dem Petersthore die Holzflöße angelegt worden. Das Holz kommt oben aus dem Vogtlande herunter. Die Parde läuft auf der Nordseite beim Hällischen Thore vorbey, und fällt beim Gut Pfaffendorf in die Pleiße. Die Elster theilt sich gegen die Westseite der Stadt in unterschiedene Arme. Die Lage der Stadt ist angenehm, in einer gänzlichen Ebene, mit abwechselnden Holzungen, Dörfern, Wiesen, Aeckern ꝛc. Die Süd- und Südostseite der Stadt, d. h. beim Peters- und Grimmischen Thore, liegt höher, merklich höher, als der übrige Theil derselben. Der Brühl ist der tiefste Theil der Stadt. — Der Boden ist mehr sandig, aber fruchtbar, besonders in den Kohlgärten, und vorzüglich sind das Leipziger Getraide, die Borsdorffer Aepfel und die Lerchen auswärts berühmt.

Der Rath führt in gelbem Felde zwey blaue Balken, und einen schwarzen Löwen im Wappen. Von den Siegeln der Universität und ihrer Facultäten s. weiter unten.

Die Größe der eigentlichen Stadt ist eben nicht beträchtlich (die Stadt, ohne die Vorstädte, soll 945 Häuser haben), wird aber durch die Vorstädte sehr ausgedehnt. Ludovici bestimmt den Umkreis auf 8954 Schritte, und es scheint nicht, als ob er die Vorstädte dazu gerechnet habe. Nach meinem ohngefähren Maaße hält die Allee im völligen Umkreise p. p. 3800 Schritte, allein die Allee liegt ausser den Mauern, und bey manchem Thore schon in einer ziemlichen Weite. Schwerlich läßt sich, ohne genaue Ausmessung, die Größe der Stadt bestimmter angeben, weil man durch den Zwinger (den Zwischenraum zwischen den Gebäuden der Stadt und den Mauern der Thore) nicht ganz um dieselbe herumkommen kann, und Leipzig überdem keinen Wall hat.

Der innern Stadtthore sind vier: das Grimmische, das Hällische, Ranstädter und Petersthor, wozu noch drei Pförtchen kommen: das Thomas, Barfüßer, und Hällische. Der Stadtgraben, der um die Stadt herumging, wird jetzt abgedämmet, und ist hin und wieder, z. B. vor dem Ranstädter

Thore, vor dem Grimmischen und Petersthore, auf der einen Seite schon in artige Gärtchen verändert.*) Bey dem Anfange des Winters 1778 blieb die Arbeit zwischen dem Hällischen Thore (wo der Gestank im Sommer besonders stark war) und dem Grimmischen stehen. Von den Thoren sagt der Bar. v. Pöllnitz (Memoires I. 132. f.) „elles sont magnifiques, sans être dans les régles de l'Architecture." Das Letzte ist wahr. Das Erste möchte wohl jetzt Niemand so gerade hin sagen. Das Hällische und das Ranstädter Thor sind traurig.**) Welches sich am besten, und sehr zu seinem Vortheile präsentirt, ist das Petersthor, welches der Rath .... ⁵ neu aufbauen ließ, aber wofür er auch .... ⁊ Strafe zahlen muste.***)

Die äusern Thore oder die Thore der Vorstädte sind folgende. Vor dem Grimmischen Thore drey: das Hospitalthor, Kohlgärten- und Hinterthor, welcher letztere Name auch noch ein daneben liegendes äuseres Thor begreift, das gewöhnlich nicht offen steht, und auf einen Feldweg geht, der gerade aus, an den Gärten der Milchinsel fort, auf die Milchinsel führt. Das eigentliche Hinterthor führt nach Schönefeld, und in die Kohlgärten. Durch das Kohlgärtenthor ist der eigentliche Weg in diese Dörfer; und durch das Hospitalthor nach Stötteritz.

---

*) Im Jahr 1545 wurde die alte Catharinenkirche abgebrochen, und dabey ein länglicht schmales Glas gefunden, worin ein Mönch vordem den Teufel gebannt hatte. Die Steine von dieser Kirche wurden hernach zu der Hällischen Bastey, zwischen dem Grimmischen und Hällischen Thore gebraucht, und jene Flasche mit dem Teufel in den Grundstein gelegt. Bey der Ausräumung des Stadtgrabens, und Demolirung dieser Bastey fand man auch noch 1778 oder 1779 die Flasche mit dem gebanneten Teufel. (S. Gesch. d. St. Lpz. Ister Th. 1778. p. 68.

**) Das Hällische wurde 1568 erbauet, und renovirt 1582; das Grimmische 1577, mit dem darüber stehenden Schuldthurm; das Hällische Pförtchen wurd 1589 erbauet.

***) [Ranstädter Thor, s. Mal. schöne Ausf. v. d. St. Lpz., I Lief. I Taf.; Grimmisches Thor, ebenda, VI Taf.; Peters Thor, ebenda, VII. Taf.; Hällisches Thor, ebenda, XI. Taf.; Thomas Pforte, ebenda, II Taf.; Barfüsser Pforte, ebenda, IV Taf.; Hällisches Pförtchen, ebenda, XII Taf.]

Vor dem Hällischen Thore: das Gerberthor, nach Liberitsch ꝛc. Vor dem Ranstädter zwey: das Rosenthäler, ins Rosenthal und nach Golis ꝛc., und das Ranstädter, auf die Funkenburg und nach Lindenau ꝛc. Vor dem Petersthore drey: das Floß=thor, nach Schleuffig ꝛc., das Petersthor, und das Windmüh=lenthor. Noch ist an der Sandgrube das Sandthor, welches aber gewöhnlich nicht offen ist, und am Ende der Ulrichsgasse eben ein solches Thor, ohne weiteren Namen.

Diese Thore bestehen blos in ein paar hölzernen Thorflügeln, die zur Seite ein Pförtchen, und Thor= und Zollwärter Woh=nung haben. Von aussen ist bey den mehresten ein Schlag=baum.

Der Markt (S. Scenograph. Lipsf. fol. I. b.) ist, nach Ludovici, 204 Schritt lang, und 92 breit, woran, nach mei=nem Maasse, einige wenige Schritte fehlen. Bey der Breite des Markts muß ein Fehler seyn: Es können höchstens 100 Schritt seyn; auch hat Merian Topograph. Saxon. super. nur 92 Schritt.[6] Er ist ein gut gepflasterter, symmetrischer, viereckter Platz; nur dünkt mich, geht er an der Seite des Rathhauses, nach diesem Gebäude selbst, ein wenig schief um. Hinter der andern Seite des Rathhauses ist der Aschmarkt[7] (S. Scenograph. Lipsf. fol. I. e.), auf welchem die 1703 an=geschafften Sänften ihren Platz haben. Die vornehmsten Gassen sind: die Grimmische Gasse, wohl die schönste unter allen Hauptstraßen, die Petersstraße, der Neue NeuMarkt, der Alte NeuMarkt, die Burgstraße, die Haynstraße, die Cathari=nenstraße, (welche meistens durchgängig, abgekürzt, die Catter=straße genannt wird, welches der Verfasser von Sophiens Rei=sen, Theil 11. 586, Katerstraße verdollmetscht), die Reichsstraße, die Nikolaistraße (vulgo die Nikelstraße, wobey ich mir immer, ehe ich recht bekannt ward, die Derivation von Nikel dachte, und also einen nicht zu guten Begriff von dieser Gasse bekam), die Ritterstraße, der Brühl, welcher die längste, aber auch wohl, mit der Haynstraße, die schmutzigste Gasse ist. Die andern,

kleinen, Gäßchen sind zu unbedeutend, und stehn in den Grundrissen.\*) Das Pflaster ist an vielen Orten als ein Muster eines
guten Pflasters berühmt. Ich finde das eben nicht. Ist es
deswegen, weil mir, ehe ich es gewohnt ward, die Füße von
den spitzigen Steinen schmerzten? Oder, weil ich meine weißseidnen Strümpfe beschmutzt fand, und oft in ein Wasser, das
sich unmerklich zwischen den kleinen Steinen gesammelt hatte,
gerieth, oft, wenn ich ganz sicher zu seyn glaubte, weil denselben Tag (welches zweymal wöchentlich geschieht) die Stra
ßen gekehrt waren?

Seit 1715 [9] brennen, wenn kein Mondschein ist, auf allen
Gassen in Leipzig zu beiden Seiten Laternen, welche vom
Thorgelde unterhalten werden.

Die Häuser sind gröstentheils vorzüglich schön, in einer
ansehnlichen Höhe von drey Etagen, ohne die Dachstuben. Manche,
die sich besonders auszeichnen, sind noch höher. Vielleicht trägt
diese Höhe der Gebäude nicht wenig dazu bey, die Luft ungesund zu machen, wenigstens Parterre und in den untersten
Etagen. Daher wohnen auch sehr viel Vornehme, besonders
von der Colonie, drey Treppen hoch. Die Dächer der Häuser
sind fast alle, nur einige ausgenommen, in der innern Stadt
mit Schiefern gedeckt, mit Schindeln kein einziges. Von außen
sind die Wände alle, z. E. paille, grünlicht, roth ꝛc. überstrichen, welches lange hält, ohne erneuert zu werden. Jede
Etage ist für eine besondere Familie eingerichtet, und wird auch
allezeit von einer besondern Familie bewohnt. Die untersten
Etagen, oder das Parterre der Häuser, sind gröstentheils Niederlagen, oder Kaufmannsgewölber, die theils beständig, theils
in der Messe vermiethet sind. Denn die Kaufleute haben nur
sehr selten die Gewölber unter den Häusern, worin sie wohnen.
Natürlicher Weise hat jede Etage ihren eignen Abtritt, und

---

\*) Die Straßen, so wie die vorzüglichsten öffentlichen Gebäude, und
die bekanntesten öffentlichen Durchgänge, in Leipzig und den Vorstädten,
habe ich im le Rougischen Grundriß hinzugeschrieben, oder geändert. [8]

um den Unbequemlichkeiten vorzubeugen, welche daraus entstehn könnten, sind die Schleusen unter den Gassen eingerichtet. Jedoch gehn bey weitem nicht alle Abtritte in diese Schleusen, welches eine große Beschwerde ist. Diese werden zu bestimmten Zeiten in der Nacht, wiewohl nicht ohne Gestank, in die Schleusen ausgeleert. — Ein bischen auffallend ist es doch immer, wenn man unter so vielen schönen Häusern die Reihe plötzlich durch ein niedriges, schlechtes Dach unterbrochen sieht, freylich nicht durch Schuld der Obern. So ist beim Eingange in die Petersstraße vom Markt linker Hand ein solch elendes Gebäude. Der Rath wollte es einmal auf seine Kosten bauen lassen, allein auch dies verhinderte die Eigenheit der Besitzerin.¹⁰

Die Zahl der Einwohner schätzte man sonst auf 36000 Menschen. Jetzt ist ohngefähr 30000 bis höchstens 32000 die wahre Menge. Etwas vom Charakter der Einwohner findet man in der obenangeführten Kurzen Nachricht von der Stadt Leipzig ꝛc. (p. 11.) „In ihrem eusserlichen Umgange", so sagt der Verfasser, „sind sie artig und höflich, in Kleydung propre, in der Stellung des Leibes hurtig und geschickt. Ihr Verstand ist wohl excolirt. Durch die Handlung und Erfahrung werden sie witzig gemacht. Und weil absonderlich so viel berühmte Männer auf der Universität zu Ausübung des Verstandes genugsame Gelegenheit geben: so siehet man auch, daß sie sich auf allerhand nützliche Wissenschaften legen, obschon es ihre Profession nicht von ihnen erfordert. Mit einem Worte: Höfflichkeit und guter Verstand haben bey einem Leipziger gleichsam ihre beständige Wohnung genommen." Mit den, hin und wieder nöthigen, Ausnahmen scheint mir diese Schilderung gegründet.\*) Die Höflichkeit der Einwohner entsteht, dünkt

---

\*) Im Ganzen mag wohl Willebrand (Anm. auf Reisen, Lpz. 1769) S. 432 f. Recht haben. Was er vom Frauenzimmer sagt, und von ihrem beissenden, aber doch noch höflichen Zorn, kann ich nicht gehörig beurtheilen. Doch, dünkt mich, ist das nicht in Leipzig allein. In jeder andern Stadt wird ein Frauenzimmer, die von jeher so zum Witz, zur

mich, wohl größtentheils aus Gewinnsucht.\*) Sie giebt der Sprache des gemeinen Mannes (denn die der Vornehmen ist doch wohl an solchen Orten nicht die Landessprache?) einen äuserst quängelnden Ton; so, daß der, welcher sich bei Obsthändlerinnen etwas kauft, oder der Fremde, der sich nach dem Wege erkundigt, oft zehnmal in einem Othem: mein Herzchen, mein Bester, mein gutes, liebes Herrchen ɾc. heißt. Dies ist oft unerträglich.

„Soll ich Ihnen den Genius von Leipzig malen?" fragte mich der Justizrath Willebrand. — „Eine vollkommne, allerliebste Figur, mit ausserordentlicher Schönheit und Proportion der größten Kleinigkeiten. Sie hat ein Engelsgesicht, — ein Schlangenherz — und einen Fuchsschwanz." — Der Fuchsschwanz mag seyn: das Schlangenherz ist wohl (im Allgemeinen von Allen geredet) zu viel gesagt.

Oft glaubte ich bey Eingebohrnen (besonders Studenten, wo ich dazu mehrere Gelegenheit hatte) einen gewissen Stolz, in Leipzig geboren zu seyn, zu bemerken.

Dem Umgange der Einwohner — vielleicht irre ich mich; alsdann wäre es mir leid, nicht größere Bekanntschaften gehabt zu haben — fehlt größtentheils das Freundschaftlich-Gesellschaftliche. Daher noch bey Vielen die prächtigen, theuren Mittagsschmäuse. Einzelne Familien halten für sich zusammen, und wieder andere ebenfalls für sich. So ist alles einzeln. Und dies gab wohl den theurern Plaisirs, Comödie, Bällen, Promenaden und Lustfahrten aufs Land, und in öffentliche Gärten ɾc. den Ausschlag. Die Damen lassen sich zu Caffevisiten zu einander tragen, und endigen ihre Besuche

---

Höflichkeit, und zum galanten Umgange, auch zur Eitelkeit erzogen wurde, das nämliche thun.

\*) Selbst der Schritt der Leipziger, an den sich auch der Student mit gewöhnt hat, scheint Fremden, wie ich Gelegenheit hatte zu bemerken, so gewinnsüchtig.

größtentheils um 7 Uhr. Nicht viel gewinnt der freundschaftliche Umgang durch die Sommerwohnungen der Familien in Gärten, und auf dem Lande, wie z. E. in Golis, Gonnewitz,[11] Schönefeld, Dölitz, wo größtentheils die Colonie den Sommer zubringt. Eben so ist der Umgang mit den Professoren. Sie sind theils zu sehr beschäftigt, theils nicht allemal Männer zum Umgange, oder schon ganz an das Einzelne des Umgangs gewöhnt. Alles dies erschwert den Zutritt, den freymüthigen Zutritt — denn unter der Hand und zu gewissen Zeiten hat wohl mancher junge Mensch genaue Bekanntschaft in Häusern. Nicht anders ist der Umgang unter den Studirenden. Sie gewöhnen sich nach und nach daran, retiré und für sich zu seyn. Freylich an Bekanntschaften fehlt es ihnen nicht; aber zum Umgange sondern sich einige ab, und halten beysammen. Sogar auf den Caffehäusern herrscht das nämliche Betragen. Bringt man nicht einen guten Freund zur Unterhaltung mit, so sitzt man da, und schweigt. Oder mischt man sich ja manchmal in ein Gespräch, so sind die Antworten des andern so kurz und abgebrochen, als redete er vor dem Landesherrn oder vor einem Spion.

Dem Fremden fällt dies auf. Es scheint ihm grob. Aber er gewöhnt sich selbst daran, wenn er nur einige Zeit einwohnt.

Oder findet man es unbillig, daß Studierende über den Mangel an freundschaftlichem Umgange klagen, da doch hin und wieder (wie vormals, denk ich, Mascov, und jetzt Platner) ein Professor alle Woche einmal Studentenassemble hält?

Etwas der Stadt eigenes ist noch die blasse, meistens gelbliche Farbe der Einwohner, besonders der Frauenzimmer. Viel trägt hierzu die eingesperrte Luft der Gassen, und das schlechte Wasser bey. Ich fragte einst einen Arzt um die Ursache. „Größtentheils", sagte er, „daher, daß unsre Frauenzimmer sich im Winter in die Stuben einsperren, und hernach das viele Kuchenessen." Den Caffee, den unausgesetzten Gebrauch der

Schnürbrüste\*), den schädlichen Kopfputz, und endlich, daß die jungen Mädchen zu frühzeitig lernen, quid iuris, vergaß er wohl?

## Zweites Capitel.

### Oeffentliche Gebäude.

Zu den öffentlichen Gebäuden der Stadt gehören vorzüglich:

#### 1. Die Kirchen.

Der Hauptkirchen sind drey, die Thomas-, die Nikolai- und die Barfüsser- oder Neue Kirche. (S. Scenograph. Lips. fol. II.) Sie sind, gegen ihr Aeuseres und das Ganze der Stadt gehalten, ziemlich klein und dunkel. Die Kirchen und ihre Thürme sind mit Schiefern gedeckt. Der Thurm der Nicolaikirche soll 1555 erbauet seyn, so, wie er jetzt ist, und von der Erde bis an die Stubenfenster 73 Ellen hoch seyn. — An der einen Seite der Nicolaikirche sieht man ein Hufeisen eingemauert, das von dem Pferde des General Tilly soll abgesprungen, und in der Mauer stecken geblieben seyn. S. Gesch. d. St. Lpz. 1778. 8°. Der Thurm der Thomaskirche soll von

---

\*) ,,Aber unsre Schnürbrüste", sagen die Leipzigerinnen, ,,sind sehr unschädlich gemacht. Sie pressen den Unterleib gar nicht." Gesetzt, es gäbe eine Schnürbrust, die das nicht thäte, so preßt sie natürlicher Weise die Brust desto stärker. Daher die Seltenheit eines vollen Busens und der Schwall der Ammen.

Die Kinder dürfen in Leipzig nicht ohne Schnürbrust gehn. Die Kleinsten Mädchen gehn schon geschnürt, frisirt, in Circassiennen und Kleidern. Ins Auge fällt dies zu seinem Vortheile ganz ausserordentlich, wenn man es auf einen Augenblick vergessen kann, daß diese Unschuldigen vielleicht dereinst sieche Hausfrauen, und nie Mütter seyn werden!

#### Oeffentliche Gebäude.

der Erde bis an die Spitze des Knopfes 105 Ellen hoch seyn. S. die Merianische Topographie von Obersachs. p. 110. In der Thomaskirche sieht man in der Gegend des Altars die Abbildungen der Superintendenten. Diese Würde wechselt allezeit zwischen der ebengenannten, und der Nicolaikirche, obgleich manchmal, um einem Manne, den die Reihe sonst träfe, auszuweichen, Ausnahmen gemacht werden, wie z. E. bey dem jetzigen Superint. D. Körner. Die Peterskirche (S. Scenograph. Lipf. fol. I.) liegt hart vor dem Petersthore, linker Hand, wenn man hinausgehen will. Sie ist von außen artig, obgleich klein, gebauet. An ihr stehen die Catecheten.

Die Zucht- und Waisenhaus Kirche (S. Scenograph. fol. II.) ist im Brühl, gerade der Ritterstraße gegen über im Zuchthause selbst. In den Vorstädten sind zwey Kirchen. Die St. Johannis- und Hospitalkirche, (S. Scenograph. fol. II.) auch die Gottesacker K., ist vor der Grimmischen Vorstadt, und niedlich und artig gebauet, auch mit einem feinen Thurm versehen. Hier ist Gellerts Monument. Sie steht auf dem Gottesacker, dem einzigen Begräbnißorte der Leipziger, dessen weite Größe man sich also schon denken kann. An den Mauren, die ihn umgeben, sind überall Familiengewölber, unter denen einige in die Augen fallen. Gellerts simpler Grabstein ist etwas über die Kirche hinauf. Vorn an der rechten Seite der Gottesacker-Kirche ist eine Canonenkugel in die Wand derselben eingemauert, und eine Inschrift darbey, deren Entzifferung ich nicht Zeit hatte, zu verstehen. Mit dieser Canonenkugel, die von Eisen, und 48 Pfund schwer seyn soll, wurde in der Belagerung von Leipzig 1546 und 1547 eine Jungfer auf dem Neumarkt rücklings in die linke Hüfte verletzt, und ihr der linke Arm abgeschossen. Sie lebte aber doch noch 52 Jahr darnach, worauf sie starb. Ihr Grab ist hier auf dem Gottesacker, unter der eingemauerten Kugel. (Geschichte der Stadt Leipzig I. Th. 1778. p. 68.) Die Lazareth-Kirche ist wo das Lazareth ist, vor dem Ranstädter Thore.

## Zweites Capitel.

Es soll nur ein Zimmer seyn. In der Pleissenburg ist die catholische Capelle (S. Scenograph. fol. I. die freilich jetzt besser aussieht), die sehr gut in die Augen fällt, und in die man nach einigen Stufen hinunter kommt. Sie ist artig und helle, und zu der Anzahl der Colonie gross genug. Der Thür gegenüber ist der Altar, und gerade entgegen die Orgel. Der Churfürstl. Stuhl unterscheidet sich gleich. Die sogenannte reformirte Kirche (oder besser, das Bethaus der reform. Religionsverwandten, weil der Rath ihnen den Titel: reform. Gemeinde nicht statuirt) ist im Amthause in der Klostergasse. Man geht eine bequeme Treppe hinauf, dass man denkt, in den Saal eines grossen Hauses zu kommen. In der That ist es auch nichts mehr. Die Einrichtung ist sehr gut, und einfach. Die Stühle sind grünlicht angestrichen. Auf beiden Seiten kann man durch eine engere Treppe auf das obere Chor kommen, das eben so angestrichen ist und auf dem man die kleine, aber gute Orgel findet, (von der in Wöchentl. Musikal. Nachricht. 4° mehr gelesen wird). Für Platz und Raum ist auf eine sehr gute und compendiöse Art gesorget, indem an den Seiten der Sitze oder der Bänke noch an vielen schicklichen Orten kleinere Sitze für eine Person hervorgezogen werden können. Deutscher Prediger ist Zollikofer. Sein Vortrag ist sehr edel und ausdrückend, aber seine Stimme schwach, weil der Mann überhaupt schwächlich ist. Wer ihn öfter hört, dem möchte es wohl etwas auffallend seyn, ihn fast beständig philosophisch, ohne Anführung eines Spruches aus der Bibel, reden zu hören. Nicht jedem wäre wohl sein Vortrag verständlich, wenigstens in allen Stellen klar, wenn nicht seine Zuhörer aus dem grösten und feinsten Theile, nicht aus dem niedrigen, der Einwohner bestünde. Man tadelt mitunter Zollikofers Empfindlichkeit und Hitze. Die Griechen haben hier einen Popen, und halten ihren Gottesdienst im — — — — — — [12] Hause, auf der Catharinenstrasse. Ein gleiches Zimmer haben die Juden zu dem ihrigen. — Die Pauliner- oder Universitäts-

Kirche ist im Paulino, aber nicht gar groß, und dunkel. (S. Scenogr. Lipſ. fol. I.)

Wer sonst Lust hat, kann in Leipzig den ganzen Sonntag und Festtag, vorzüglich Bußtags, aus einer Kirche in die andre gehen, denn sie währen hintereinander bis wohl um 5 Uhr. In der Woche sind Betstunden. Die Stühle in der Mitte jeder Kirche sind für Frauensleute; die Emporkirchen für die Mannsleute. An den Wänden der Kirche sind die sogenannten Capellen, oder Familienstühle, die aber von auſſen ihre, oft eisernen, Thüren haben, wodurch eben das äuſere Gebäude der Kirche ein so eckigtes Ansehn bekömmt.

### 2. Die öffentlichen Schulen.

Auſſer den vielen Privatschulen und der seit 1774 errichteten Armenschule vor dem Hälliſchen Pförtchen, (ſ. den Adreſſkal.) verstehe ich hier vorzüglich die Thomas- und Nicolai-Schule. Erstere ist auf dem Thomaskirchhofe (S. Scenograph. Lipſ. fol. II.), ein hohes Gebäude von 6 Etagen, ohne die Dachfenster, und breit, aber sonst ohne sonderliche Zierrathen. Die andere Aussicht desselben geht auf die Allee. Die letztere (S. Scenogr. fol. II.) ist auf dem Nicolai-Kirchhofe, das zweyte Haus linker Hand von der Nicolaistraße. Es gehn einige Stufen hinauf und über der Thür steht das Wappen des Raths. Sie hat im Aeusern gar nichts besonders.

In Ansehung des Unterrichts gesteht man hier verschiedentlich der Nicolaischule den Vorzug zu. Auf jener ist das Singen zu sehr Hauptsache, und verdrängt also das Studiren, woher auch beständig Uneinigkeiten zwischen dem Rector und Cantor sind. Die Alumni müssen alle in schwarzen Kleidern und Mänteln gehn, und, nach der Einrichtung des jetzigen Rectors, Prof. Fischer, kurze runde Perrücken tragen, auch die kleinsten Knaben. Nur die Extraneer sind davon befreyet, und können bunt gehen. Die Sänger sind in vier Chöre getheilt, die an gewissen Tagen durch die Gassen einen Choral singen. Am Gregoriusfeste zieht die ganze Schule, (wenn auch vielleicht nicht alle Extraneer, doch viele, und die Alumni alle) geputzt durch die Gassen, und singt Lieder, wofür sie in eine Büchse Geld sammeln. Vor einigen Häusern, die es verlangen, oder sonst etwa reichlicher geben, stellen sie sich in einen Kreis, und singen einige Zeit. Die jüngeren Knaben sind bey dieser Gelegenheit mit herrlichen Blumensträußen vor der Brust geschmückt, deren Wohlgeruch die Gasse einnimmt, und oft drey Fenster hoch dringet. — Das sonst gewöhnliche Neujahrsingen ward zu Anfange 1779 vom Rector abgeschafft, und eine andere Einrichtung dafür gemacht, damit die Schüler doch ihre Accidenzen nicht verlöhren.

### 3. Andere Gebäude.

Das Consistorium[13] ist auf dem Thomaskirchhofe, und präsentirt sich schlecht. Es ist ein altes, unansehnliches Gebäude. Das Consistorium besteht aus einem Director, und vier ordentlichen Beysitzern, deren zwey Doctores Theologiae, zwey Doctores Juris sind. Ordentliche Session ist Mittwochs und Freitags Vormittags. S. d. Adbr.-Cal.

Es wurde 1550 von Merseburg nach Leipzig verlegt.

Das Amthaus[14], oder die Schösserei, oder Renterey, an der Ecke des Thomaskirchhofes, und der Klostergasse, gehört dem Churfürsten.

Das Kloster[15].

Das Rath-Haus (S. Scenograph. Lipf. fol. I. b. & e.) ist ein altes gothisches Gebäude, welches 1556 so erbaut wurde, wie es jetzt ist, ausser daß bey der Renovation, im Jahr 1599, das neue Uhrwerk mit der eisernen Gallerie auf den Thurm gesetzt wurde. Dies Uhrwerk ist das einzige in Leipzig; man findet auf keinem Thurme eines, auch nicht einmal einen Zeiger. Der Rathhausthurm hat drey Zeigeruhren, zwey auf

## Oeffentliche Gebäude.

den beiden Seiten, und eine gerade gegen den Markt über. So, wie die Rathhausuhr ausgeschlagen hat, muß der Thürmer auf der ThomasKirche die Klocke anschlagen; diesem folgt der Nikolaithürmer und dann endlich der auf der Neuen Kirche. Die Ursache davon ist, um das verdrießliche Zusammenschlagen der Uhren zu vermeiden. Von der Gallerie auf dem Thurme ist nach der jedesmaligen Zeit, (im Sommer täglich um zehn Uhr; und im Winter — gar nicht? oder vielleicht an den Markttagen?) recht schöne Musik.

Die Länge des Rathhauses theilt den Markt und den Aschmarkt von einander. Unten ist ein Durchgang, wo Befehle, u. a. Sachen angeschlagen werden, auch die Wohnung des Kerkermeisters, und die Häscherstuben sind, und auch verschiednes verkauft wird. Die eine Seite der Breite sieht Auerbachs Hof gegenüber, die andere Seite hilft das Salzgäßchen machen. Alle Fenster haben starke, eiserne Gitter.

Oben auf dem Rathhause ist ein ansehnlicher, langer, schöner Saal, der auf der einen Seite ins Oberhofgericht*), auf der andern Seite in den Schöppenstuhl**) führt. Gerade dem Eintritt entgegen sind die verschiednen Gerichtsstuben als die Rathsstube, die Richterstube, die Schoßstube, die Landstube, und Copistenzimmer. Rechter Hand am Ende des Saals ist

---

*) Dies besteht aus einem Oberrichter, der von Adel ist, und 11 Beysitzern, wovon 5 zur adlichen, die übrigen 6 zur gelehrten Bank gehören. Es ist alle Montage Session. Die Hauptsessionen aber sind allzeit nach den vier Quatembern, und nehmen allemal in der Woche, wo der 19te März, Junius, September, December einfällt, Montags ihren Anfang. Es wurde 1488 errichtet. — (Zum Oberhofgericht gehören drey Stuben.)

**) Er besteht aus 7 Personen, dem zeitigen regierenden Bürgermeister, und 6 Rathsherren, die Doctores J. seyn müssen, weil sie sonst weder referiren, noch Urtheile concipiren dürfen. Session ist alle Dienstage, Donnerstage und Sonnabende Vor= und Nachmittags; ist aber einer dieser Tage ein Feyertag, jedesmal Tags vorher. Er wurde 1420 errichtet, und stand anfangs dem Rathe und den Stadtgerichten zu, bis der Churfürst August ihm 1574 Macht gab, in des Churfürsten Namen zu sprechen, und ihn so einrichtete, als er jetzt ist; wobei er zugleich die Erlaubnis, mit rothem Wachse zu siegeln, und die Gerechtigkeit im Siegel zu führen, bekam.

ein Sitz unter einem Thronhimmel, zu dem einige Stufen hinaufgehn, zum Nothpeinlichen Halsgerichte.

Eine Treppe höher ist ein ähnlicher Saal, an dem Gefängnisse sind. Linker Hand führt eine Thür zu einem Gange, an dessen Ende rechts die sogenannte Bürgerstube (für Wechselarrestanten), und dieser gegenüber eine Stube, die mit sehr vielen Namen von Kindermörderinnen beschrieben und bemahlt ist. Auserdem ist hier oben die Vorsitzstube und die Vormundschaftsstube.

Die kleinen Kaufmanns=Gewölber, die an der Marktseite unten längst dem Rathhause sind, heißen die Bühnen. (S. Scenograph. Lipf. fol. I. b.)

Der Rathsweinkeller ist an der Ecke der Catharinenstraße, dem, der vom Markte ab hineingeht, gleich linker Hand. (S. Scenograph. Lips. fol. I. b.)

Die Börse (S. Scenograph. Lipf. fol. I. e.) ist der Grimmischen Gasse gegenüber, am Ende des Aschmarktes. Sie ist klein, hat aber ein schönes Ansehen. Sie wurd 1678 auf italienische Art erbauet, mit einem flachen, anfangs mit Bley, seit 1698 aber mit Kupfer gedeckten Dache. Auf der obern Gallerie, und den Ecken stehn vier Statüen, Pallas, Apoll, Venus, Merkur, deren jede 10 Centner wiegt, und 28 Kugeln, jede von $3\frac{1}{2}$ Ctr. Inwendig ist ein Saal, der sehr schön und hoch seyn, und dessen Decke sauber gemahlt seyn soll. Die Kaufleute haben hier Freytags ihre Versammlungen. Auch wird die Lotterie hier gezogen. Bei der Huldigung des Landesherrn richtet der Rath hier die churfürstliche Tafel an.

Der Burgkeller ist ebenfalls auf dem Aschmarkt, so wie die

Brodbänken. (S. Scenograph. Lipf. fol. I. e.)

Das Gewand=Haus ist ein sehr ansehnliches Gebäude, und macht die ganze eine Seite des Gewandgäßchens. Unten ist die Wollwaage, in der auch durch den Rathsproclamator Auctionen gehalten werden. Oben ist die Raths=Biblio=

theck, welche die ganze Etage einnimmt. Der Eingang ist schön, auf zwey Seiten; vom alten Neu=Markt, und vom Neuen=Neu=Markt. Der letzte geht durch den Hof des Gewand=hauses, wo man hinten rechter Hand noch ein altes Gebäude von Backsteinen, mit eisernen Stäben vor den Fenstern sieht, das ehemalige Zimmer für die Bibliotheck. Treppe und Entree sind dem Gebäude angemessen. Zuerst kömmt man in einen Vorsaal, der durch ein eisernes, hübsches Gatter von der eigent=lichen Bibliotheck abgesondert ist. Die Bücher stehn in dem langen ansehnlichen Saale in grünen Schränken, die mit Gat=terthüren von geflochtenem Drathe verwahret sind. Sehr un=bequem! Oben auf diesen Schränken stehn jedesmal vier Büsten von Gips. Rechter Hand beim Eintritt stehn hinten an der Wand einige Schränkchen, meistentheils von Chroniken sächsischer Oerter ꝛc., welche aber zum Gebrauche noch nicht freystehen.

Der jetzige Bibliothekar ist der Geh. Kriegs=Rath, D. Carl Wilhelm Müller. Unterbibliothekar ist der Conrector Thieme an der Thomas=Schule, der noch einige Custodes unter sich hat. Ausserdem sind noch zwey Observatores.

Wer ein Buch zu gebrauchen verlangt, fordert es von den Custodibus, oder dem Unterbibliothekar, und schreibt den Titel desselben, und seinen Namen, in ein Buch, das zu dem Ende auf einer großen, grünen Tafel, die in der Mitte steht, daliegt. In den Fenstern stehn andere grüne Tische, nebst zwey Stühlen vor jedem Tische, zum Gebrauche der Bücher. Man darf nur mit Bleystift excerpiren, oder man müste sehr gut oben be=kannt seyn. Ins Haus geliehen bekömmt man keine, — oder, wenn es ja ist, nicht anders, als gegen Unterschrift eines Pro=fessors und des Bibliothekars.

Schon 1733 rechnete man die Anzahl der Bände auf 30000. Nach Proportion der dazwischen verflossenen Jahre scheint mir die Bibliotheck nicht viel stärker zu seyn. Doch soll sie auch keinen sehr beträchtlichen Fond haben.

Sie wird Mittwochs und Sonnabends Nachmittags von 2 bis

4 Uhr (nicht bis 5 Uhr, wie auch noch im Meusel falsch steht) geöffnet. Jedoch thut man mehrentheils wohl, um drey Viertel auf 4 Uhr zu schließen, wenn man nicht zuweilen eine Erinnerung des Observators haben will.*)

Unter andern Sachen, die auf der Rathsbibliotheck gezeigt werden, ist das Erste die Egyptische Mumie.**) Sie steht hinten in der Bibliotheck, nach dem Neuen=Neu=Markte zu. Sie ist von einer schwarzbraunen Farbe, hin und wieder mit weissen Streiffen vermischt. Die Nase ist sehr platt gedrückt, und die Zähne, besonders die unteren, sind noch deutlich zu sehen. Zu den Füßen wird man Leinwand aus Asbest gewahr. Man sieht auch die hieroglyphische Schrift. Der Cörper liegt auf Palmblättern in einem rundlichen Kasten von Sassafras Holze, nach der Figur des Cörpers, und sie wird in demselben in einem andern Kasten mit Glasfenstern verwahrt. Man will ihr Alter auf drittehalb tausend Jahr, und noch darüber, angeben. Noch sieht man zwey grosse Luftpumpen, beyde in hölzernen Futteralen; unterschiedene Globen, von verschiedenen Meistern; den grossen Gärtnerischen Brennspiegel, der ohne alle Bedeckung dem Staube, und jeden Griffen ausgesetzt ist, und schon viel gelitten hat; zwey Erzstufen in Pyramidenform, unter gläsernem Futterale; ein Unicornu fossile, vier Fuß lang, mit der darauf geschnitzten Verwandlung der Daphne in einen Lorbeerbaum; ein grossen Bolet aus Waldheim, wohl zwey Fuß in der Länge; eine Römische Clepsydra. Ferner wird noch in verschiedenen kleinen Schränken gezeigt: Eine alte Römische Wachstafel zum Schreiben; ein Asbest; eine Lappländische Zaubertrommel; ein Runischer Calender, über den der Hofrath Kästner eine Abhandlung geschrieben hat; ein Russischer kleiner Reisealtar; Ein paar Chinesische Frauen=Pantoffel; ein Chinesischer Geldbeutel mit Bleyfäden durchwirkt, und gelben Ringen, die an ähnlichen Fäden herabhängen; Eine Chinesische Schaale aus Schweinshaut, mit dazu gehörigen Löffeln, die aber, wie die unsrigen, ausgehölt sind. Eine Schachtel voll allerhand Sächsischer Götzen von Erz in der Höhe einer Handslänge; ein Skelet eines Foetus von $2^{1}/_{2}$ Monaten, und einige andre Naturalien; ein Türckischer Dolch; das angebliche Schwerd König Gustav Adolfs

---

*) Von der Geschichte dieser Bibliotheck, u.f.w. f. Jugleri Bibl. litter. Tom. I. und J. C. Götze de Bibliotheca Senatus Lipsiensis. Lipf. 1711, 4° maj. c. f. aen. und Weitzens Beschreibung der Rathsbibliotheck zu Leipzig, und ihrer Merkwürdigkeiten.

**) Man hat davon einige Tractate, z. B. Friedr. Theoph. Kettners, Lpz. 1703. 8° lat. f. auch Tentzels monathl. Unterred. 1698. St. 943 f.

aus Schweden (hiervon sind drey Tractate vorhanden, und unter diesen einer von Glafey;*) eine Säbelscheide aus dem Schnabel eines Vogels; ein Türkisches Coffeetuch; Hortus Eystettensis, dessen Kupfer, wie die vorn befindliche Inschrift zeigt, von einem Frauenzimmer, Dorothea Magdalena Brümmer, Gottfried Grävs Gemalin, nach dem Leben illuminirt sind. Man kann nicht anders, als sie bewundern. Schade, daß die Dame über dem Werke gestorben ist!

Gleich bey der Entrée præsentiren sich im Vorsaale rechter Hand zwey Statuen, Laokoon, und der Fechter. Unten am Ende der Bibliotheck stehn, (auffer zwey kleinern, die den Merkur und Apollo vorstellen,) die Mediceische Venus, Apollo in Riesengröße, und Ganymed, oder nach andern Antinous. Sie sollen Copien aus dem Vatican seyn. Ohne die Originale zu kennen, oder bessere Copien gesehn zu haben, fällt es einem leicht in die Augen, daß sie in manchen Stücken sehr verlohren haben. Der Laokoon sieht an den Händen aus, als ob er in Wachs gearbeitet, und sich noch nicht wieder gewaschen hätte. Demohngeachtet sieht man sie immer mit Bewunderung an.

## Verzeichnis der Gemälde auf der Rathsbibliotheck,
welche vor andern mir vorzüglich schienen.

### Im Vorsaale.

Ueber der Thüre:

1) Der Heiland mit der Samariterin am Brunnen.
2) Die sterbende Dido, nach Virg. IV. 672 fs. (Ich weiß nicht, ob ich ganz recht habe, aber mir schienen diese Stücke im Ausdruck und Colorit nicht genugthuend.)
3) Aeneas, wie er seinen Vater aus dem Brande von Troja trägt.

Linker Hand der Wand an der Thüre:

1) Die Geburt der Venus aus dem Meere, von Neptun, Amphitrite, Tritonen ꝛc. umgeben. Schien mir etwas im Colorite zu schwach.
2) Eine Fouragirung, oder etwas Aehnliches, — von Hachhausen? — Des Malers Name soll, wie ein Custos behauptete, in der Mitte zu lesen seyn; ich konnte ihn nicht finden. Das Gemälde hängt etwas hoch.

---

*) Ge. Wallin triga differtationum de gladio magico Guftavi Adolfi, Suecorum regis, 1728 & 1729 habitarum in acad. Upsal. nunc iunctim editarum. c. fig. Lipf. 746. 4°.

A. F. Glafey de gladio, quocum Guftavus Adolfus, rex Sueciae, in proelio Luzenenfi occubuit. Lipf. 749. 4°.

3) Effigies Romanor. Imperator. ex antiquis Numismatibus, quae in Thefauro Chriftinae Reginae adfervantur, delineatae, in feriem chronologicam dispofitae, cum nominibus, patria, annis, menfibus, diebus imperii ac tempore obitus uniuscuiusque, a Iul. Caefare ad Leopoldum femp. Aug. — ein großes Stück in Kupferstich.

Auf den andern zwey Wänden, rechter Hand, und gegenüber der Thüre, sind Gemälde von allen fürstlichen Personen, zwey große Blumenstücke, und einige andre Sachen.

### Rechter Hand der Wand an der Thüre:

1) Cyprian, wie er seine Lehre gegen den Kaiser vertheidigt. Ein großes Stück, in Tusch= Oder schwarzer Kunst= von Salvator Rosa.

2. Ein Quodlibet, von Valentin. Ein Gerippe sitzt auf einem hölzernen Stuhle, auf einem rothen Küssen, an einem Tische, auf dem Bücher, Zeichnungen, Musikalien, Statüen stehen. In der linken Hand hält es ein Zettel, darauf steht: O vanitas vanitatum & omnia vanitas. Mit der Rechten spielt es auf einem Claviere. Zu seinen Füßen liegt eine Crone, Reichsapfel, Bischofsmütze, mathematische Instrumente, Compaß, ein Frauenzimmerfächer ɪc. An den Seiten liegen Cythern und andere musikal. Instrumente, und eine Baßgeige steht in der Ecke, mit zerbrochenem Bogen.

## In der Bibliotheck.

### Linker Hand der Entree —

#### Zwischen dem Gatter, und dem ersten Bücherschranke:

1) Lot mit seinen Töchtern, (1 Mof. 19. 34).) Lot sitzt, erhitzt vom Weine, und hält die Flasche, welche zur Rechten die ältere Tochter ihm wegzunehmen kömmt, aber stehen bleibt, und ihrer Schwester, voll Freude über den guten Fortgang ihres gemeinschaftlichen Anschlags, zusieht, welche eben ihrem Vater, mit halb offenem Busen, um ihn mehr zu reitzen, noch einen vollen Becher bringt.

2) Ein Bacchanale.

#### Ueber dem ersten Bücherschranke:

3) Luther, mit der Unterschrift:

In effigiem reverendi V. D. Doctoris Martini Lutheri.
    Iste repurgator doctrinae e forde papatus
       Talis in ingenua fronte Lutherus erat.
    Corporis effigiem mediam manus aemula pinxit,
       Se totum in scriptis pingit at ille suis.
    Natus es Islebii, divine propheta Luthere,
       Relligio fulget te duce, Papa iacet.

Zwischen dem erften u. zweiten B. Schranke:

4) Ganz oben: Sufanna im Bade, — oder vielmehr, eben im Begriffe hineinzufteigen, als fie die beyden Alten, in deren Mienen man die Geilheit ließt, überfallen. Sie zieht mit der Rechten das Gewand über die Lenden zurück, und bedeckt mit der Linken ängftlich den Bufen mit ihren Haarlocken, indem fie mit einer Miene voll unausfprechlicher Tugend, Anmuth und Würde die Augen gen Himmel fchlägt.

5) Das Opfer der Iphigenia. — Der Himmel fchwarz umzogen; der Altar der Diana, mit der Infchrift: ΙΕΡΟΝ ΤΗΣ ΑΡΤΕΜΙΔΟΣ; neben ihm fitzt der Held Agamemnon, und hält mit der auf das Knie geftützten Linken das Geficht in fein Gewand. Auf der Seite das Ufer, und die Schiffe der Griechen. Der Opferpriefter am Altare befchäftigt; Iphigenia, ebenfalls vor demfelben, in Ohnmacht. — Eben foll das Opfer vor fich gehen, als Diana in einer Wolke mit dem Rehe erfcheint.

6) Paulus Chriftianus Zinke, Picturae linearis Prof. Lipfienfis, Nat. Dresdae 1687. Er fitzt mit offener Bruft und halb entblößten Aermen im Pelze, mit der Brille, am Tifche, hält mit der linken Hand eine Büfte, und zeichnet fie mit der andern ab. Umher liegen das Brillenfutteral, und einige Stücke fchwarzer und weißer Kreide, von Cifiewsky in Berlin nach dem Leben gemahlt.*)

Ueber dem 2ten Bücherfchrank:

7) Chriftophorus Arnold, Incola Pagi Sommerfeld, Aftronomus, n. θ. XV April. 1697.

Ueber dem dritten Schranke:

8) Der Maler am Ende.

Ueber dem vierten Schranke:

9) Jacobus Cuiacius Tolotanus Juris Conful, anno 1597, aetatis fuae 67.

Ueber dem fünften:

10) Theophraftus Paracelfus.

Ueber dem fechften:

11) Anton Magliabecchi, Grosherzogl. Bibliothekar zu Florenz.

---

*) S. die Gefchichte Zinks, und diefes Gemäldes, in der Neuen Bibl. d. fch. Wiff. u. fr. Künfte, Band XI. p. 350. f.

## Zweites Capitel.

Zwischen dem 6ten und 7ten Schranke:

12) Oben Hofrath Mascov. Unten, auſſer einigen Landschaften und andern kleinen Stücken, zwey egyptische Ruinen, und die Brustbilder klein, in Wachs pouſſirt, von Carol. V, Ferdin. Rex. Rom. — Mart. Luther — Phil. Melanchthon — Erasmus Rot. — Theophraſtus Paracelſ. — Albert Dürer — Birkmeyer, R. Imp. Conſ. — u. ſ. w. Auſſer einigen kleinen andern Stücken ein Gemälde, vielleicht die Enthauptung Johannis? — Doctor Jo. Pfeffinger — Jo. Launoius, und unter einem, mit dem Suggerischen Wappen bemahlten Schleber, das Porträt eines Grafen von Sugger, von Holbein.

Ueber dem achten Schranke:

13) Leibnitz.

Ueber dem neunten:

14) Joh. Bugenhagen, mit der Unterschrift:

  Talis erat viva Pomeranus imagine natus,
   Doctrinae ſocius, magne Luthere, tuus,
  Qui Vitembergae coeleſtia verba profeſsus,
   Salvifico Chriſti dogmate pavit oves.

Ueber dem zehnten:

15) Phil. Melanchthon, mit der Unterschrift:

  Iapeti de gente prior maiorque Luthero
   Nemo fuit, tu par, docte Melanchthon, eras.

Ueber dem eilften Schranke:

16) D. Mart. Luthers Frau.

Ueber dem zwölften:

17) D. M. Luther. Unten die Verse: Natus es — papa iacet. etc. Diese vier (No. 14—17) sollen nach Weitzen von Luc. v. Cranach ſein.

Am erſten Wandpfeiler:

18) Der Tod der Lucretia. — Unter der rechten Bruſt träufelt Blut aus der Wunde, der Kopf hängt nieder auf die Schulter des ſie haltenden Gemals, die Miene voller Unſchuld, die Augen halbgebrochen. Unter dem linken Arme hält ſie einer, vielleicht ihr Gemal Collatin. Hinten ſtehn zwey junge weibliche Figuren; die eine ſieht weinend gen Himmel, und hebt das Tuch in die Höhe, um die Thränen abzutrocknen; die andere ſieht voll Betrübnis vor ſich nieder.

19) Joseph und seine Brüder in Egypten, ehe er sich zu erkennen giebt.

20) Die Abgötterey Salomons.

### Am zweyten Wandpfeiler:

21) Die bekannte Satyre auf den Canzler Crell.*)

22) Der barmherzige Samariter. — Der Verwundete sitzt unterstützt von einem der Umstehenden, bleich, die Augen halb zu, den Kopf voll Empfindung des Schmerzens niedergelehnt; während daß der Samariter, ein Büchschen in der Linken, mit einem aufmerksamen, forschenden Gesichte die Wunde untersucht, und bestreicht.

### Dritter Wandpfeiler:

Unter einigen andern Sächsischen Churfürsten unten Philipp der Grosmüthige, und ganz oben Georgius Barbatus von Cranach.

### An der Wand nach dem Neuen-Neu-Markte zu:

23) Die Pero, ihren Vater säugend. — Auf dem Gesichte der Tochter mahlt sich Schaam, Mitleid über ihren Vater, Unwillen über die Härte der Richter — ganz herrlich! Sie wendet es seitwärts, und scheint gleichsam zu erröthen, indem sie ihrem Vater die Brust darreicht. Dieser liegt knieend vor ihr, faltet die Hände, und in seinem Gesichte zeichnet sich Heishunger und Dankbarkeit gegen die Tochter zugleich. Am Nacken derselben spielt ein lächelnder Knabe, und am Gitter der Gefängnisthüre lauschen zwey Wärter.

24) Apollo, den Lorbeer in den Haaren, die Leyer zur Seite liegend, entfleischt voll Entrüstung den Marsyas. Dieser ist an einen Baum gebunden — die linke Seite ist schon ohne Haut; Apollo fängt schon beim rechten Arme an. Der Mahler hat das rohe Fleisch, besonders die Warze der Brust und den Nabel, schön natürlich gemahlt.

25) Die Gesandten Alexanders des G. berufen den Abdolonimus zum Sidonischen Königreiche, und präsentiren ihm den königlichen Ornat.

26) Johannes in der Wüste, als die Pharisäer und Sadducäer zu ihm kommen.

27) Der geplagte Hiob. — Vor ihm seine Frau, mit einer Miene voll Herrschsucht und Stolz, wie sie sagt: ,,Ja segne Gott, und

---

*) H. Ch. Engelcken historia de Nicol. Crellii, capite plexi, variis aberrationibus. Rostoch. 727. (pl. 9.)

stirb!" — Hiob wendet ungeduldig sein Antlitz weg. — In einiger Entfernung seine Freunde traurig vor ihm.

An der Wand auf das Gewandgäßchen zu —

Am erſten Wandpfeiler:

28) Ein Kayſer Maximilian, von L. v. Cranach.
29) Raphael Urbino.
30) Maria Magdalena, ein ſehr ſchönes Stück.

Zweyter Wandpfeiler:

31) Chriſtus beruft Petrus zum Apoſtel.

32) Merkur, wie er den Argus einſchläfert. — Dieſer ſitzt da, halbnickend, und Merkur, die Flöte in der Hand, ſieht mit einer äuſerſt pfiffigen Miene zu, ob er bereits ſchläft.

Dritter Wandpfeiler:

33) Diogenes Cynikus im Faſſe mit Alexander. — Jener ſitzt ganz nachläſſig, die rechte Hand unter das linke Knie gelegt; mit der linken ſtützt er ſich auf einige zur Seite liegende Schriften. Er ſieht dem Helden ſteif, mit einer bedaurenden Miene, ins Geſicht.

34) Orpheus holt die Eurydice aus der Unterwelt zurück. — Schon ſieht man oben das Tageslicht, gegen über ſtellte der Maler unter feurigen Flammen den Eingang zum Tartarus vor. Orpheus iſt ſchon oben; Eurydice noch einen Schritt hinter ihm in der Unter= welt zurück. Voll Ungeduld, und von zärtlicher Freude bis zu Thränen gerührt, wendet er ſich um, um ſeine Gattin vollends herauszuheben. Sie kehrt ihr Geſicht nach der Unterwelt zurück, und ihre Füße hält gleichſam ein Vorhang auf. — (Uebrigens hat der Maler ihr Ohr= gehänge gegeben.)

35) Ein Quodlibet.

Erſter Bücherſchrank:

36) Ein Leipziger Bürgermeiſter, von Oeſer. Von hier an bis zu dem eiſernen Gitter iſt die Folge von Leipziger Bürgermeiſtern, oder Doctor. Jur. Zwiſchen dem ſechſten und 7ten Bücherſchranke (ſ. oben 12) iſt noch unter andern Sachen:

37) Die Abnehmung Chriſti vom Kreuz. Darunter ſteht an der Seite: Erasmus Andre Sohn Mariboa Danus Anno 1684. d. 21. Martii. Das Stück iſt klein, und getuſcht.

38 fg.) Unter andern kleinen Gemälden: Dav. Chytraeus, Theol. D. Anno aet. 70. — Robert. Bellarminus, R. E. Cardinal.

## Oeffentliche Gebäude.

Die Rathswaage,[16] am Markt, an der Ecke der Catharinenstraße, unter welcher die sogenannte alte Post und der Rathsweinkeller ist. (S. Scenogr. Lipf. fol. I. b.)

Das Zucht- und Waisenhaus,*) von dem mir nähere Nachrichten unbekannt sind, ist im Brühle, an der Ecke der Ritterstraße [17]; ein schönes Gebäude, das sich vorzüglich von der Allee aus präsentirt. (S. Scenograph. Lipf. fol. II. c.)

Die Post, in der Klostergasse [18]; die alte Post oder das Ober-Post-Bothen-Amt, an der Ecke der Catharinenstraße, nach dem Markte zu, wo die Postkutschen expedirt werden;[19] der Poststall, an der Ecke des Grimmischen Steinweges[20] vor dem Grimmischen Thore, wo die Extraposten besorgt werden, sind keine sehenswürdigen Gebäude. — Ein Postbericht von der Ankunft und dem Abgange der Posten wird besonders gedruckt ausgegeben. Ich mußte dafür auf der Post 2 gGr. geben. Ob das durchgängig ist, oder ob nur ich das bezahlen mußte, weiß ich nicht. Er steht aber überdieß im jedesmaligen Adreß-Calender, wo man auch die Post- und Brieftaxe, Passagiertaxe, den Curs der Posten, und die Stationen und Anzeige der Meilen ꝛc. findet. — Durchgehends giebt man im Sächsischen für die Meile 5 gr., wenn man mit der offnen Post fährt; auf der Postkutsche aber für die Meile nur 3 gr. Im erstern Fall bezahlt man für die Post 3 gr., und sogenanntes Stationengeld, welches dem Postmeister jeder Station zufällt, 2 gr. Zum Exempel man läßt sich in Leipzig auf der Post bis Freyburg (sechs Meilen) einschreiben, und bezahlt für die Meile 3 gr., also 18 gr. Die erste Station ist Merseburg, drey Meilen von Leipzig. Hier bezahlt man nun dem Postmeister für jede Meile 2 gr., also 6 gr. Von Merseburg bis Freyburg sind wieder drey Meilen, für die man dem Postmeister in Freyburg wieder 6 gr. bezahlt. Also kömmt das Postgeld bis Freyburg zusammen 1 thlr. 6 gr., doch ohne das ge-

---

*) Mal. schöne Ausf. v. d. St. Lpz. I Lief. X Taf.

setzte Trinkgeld für den Postillion, welches auf jeder Station 2 gr. ist. Bisweilen wird einem auf den Stationen ein Brandtewein für das Umpacken abgefordert, der ein guter Wille ist, wenigstens nicht gesetzt ist, wie das sogenannte Leitergeld im Hannöverischen. Setzt man sich in Leipzig auf die Post, so wird der Coffer durch einen dazu bestellten Mann in das Posthaus abgeholt, wofür und für das Wagenmeistergeld man dem Wagenmeister 4 gr. giebt, und mehr zu geben nicht schuldig ist. — Setzt man sich in jeder andern Station im Sächsischen auf die Post, um nach Leipzig zu fahren, so wird alsdann an dem Orte, wo man sich einschreiben läßt, für jede Meile, wie vorher, 3 gr. bezahlt, und 2 gr. für die Meile, bis auf die nächste Station, Stationengeld. Zum Exempel von Freyburg nach Leipzig, bezahlt man in Freyburg die 18 gr., wie oben, und dem Postmeister 6 gr. für die 3 Meilen, bis Merseburg; also 1 rthlr.; und in Merseburg dann wieder 6 gr. für drey Meilen bis Leipzig; dem Postillion auf jeder Station 2 gr. Leipzig macht hier die Aenderung, weil das Oberpostamt dort ist.

Kein Postillion darf, bey Vestungsbau, einen blinden Passagier mitnehmen, aber sie thun es deswegen doch genug. Gemeiniglich giebt ihnen ein solcher Passagier für die Station 4 gr. Wenn aber die Postillions länger beim Handwerk gewesen, oder sonst pfiffiger sind, so muß ihnen ein Blinder auch wohl das sonst gewöhnliche Stationengeld, das heißt, für die Meile 2 gr. geben. Wird es aber entdeckt, so bekömmt der Postillion seine schon erwähnte Strafe, und der Passagier büßt an Gelde; wo ich nicht sehr irre, 10 thlr.

Ein Passagier hat, wie mir Postmeister, die ich kannte, versicherten, 80 ℔ (also nicht 30 bis 40 ℔, wie nach dem Adreßcalender) frey, und man hat mir nie über diese Schwere meines Coffers etwas gesagt. Es wird überhaupt, vorzüglich in Leipzig, nicht scharf gewogen, und der Wagenmeister thut allenfalls vieles um ein Trinkgeld.

Die Mondur der Postillions und der Unterbedienten bey der Post, wie Wagenmeister, Cofferträger ꝛc. ist gelb und blau.

Der Briefträger bekömmt in Leipzig und in den Sächsischen Städten für einen Brief (ohne Geld und Packet) 3 pf., die nicht mit dem Postgelde zu verwechseln sind, und für Geld oder Packete 6 pf., wenigstens nicht mehr von Kaufleuten ꝛc., wie man denn auch nicht mehr zu geben schuldig ist; obgleich der Student manchmal sich durch Bitten und Freude bewegen läßt, dem Briefträger 1 gr., auch wohl 2 gr., zu geben. — Was der Briefträger für Briefe auf das Land zu tragen bekömmt, weiß ich nicht genau, wenigstens nicht durchgängig. Nach der Analogie einiger Fälle zu schließen, bekömmt er, denke ich, für 3 Stunden weit 3 gr.; also für die Meile zu gehen 1 gr. — Jedes Viertel der Stadt Leipzig hat seinen eignen Briefträger, der jedesmal wieder seinen Gehülfen hat.

Es ist auf der Post hinten in einem besondern Stübchen der Beschauer, der für die Accise sorgen muß. Aber es ist in unzähligen, vielleicht den meisten, Fällen so gut, als wäre er gar nicht da. Ankommende Fremde, oder in ähnlichen Fällen, lassen ihm ein paar gr. in die Hand fallen — — — — wenn er ja da seyn, und fragen sollte. Mir hat er nur das einzigemal, als ich ganz zuerst nach Leipzig kam, sich gezeigt. Vielleicht verrieth mich ihm damals mein Fuchsgesicht.

Kömmt man auf der Post, oder sonst als Reisender, an das äußre Thor der Stadt, so muß man die Fragen des Thorschreibers abwarten, die oft nach der Wahrheit zu beantworten, nicht Jedem gelegen ist. Die Kerls sind oft grob: vorzüglich der am Ranstädter Thore. Doch kann man ihnen leicht einen Namen und ein Logis hernennen, wenn es nur nicht mit Spott oder Moquerie geschieht.

Der Marstall[21] präsentirt sich gar nicht vorzüglich. Er nimmt die Ecke des Neuen-Neu-Marktes rechter Hand, nach dem Petersthore zu, ein.

Der Petersschiesgraben ist auf dem Peterssteinwege

vor dem Peters-Thore. Die Schützen haben ihre gewissen Gesellschaften dort.

Der Ranstädter Schiesgraben[22] ist ein schönes Gebäude im Zwinger, linker Hand, wenn man zum Ranstädter Thore hinausgeht. Er präsentirt sich in der Allee vorzüglich. Oben hat er einen großen Saal, wo Bälle, und andre Gastmahle, unter den Vornehmen, gehalten werden. Linker Hand der Entree ist oben eine Gallerie für die Musik, damit diese bey Bällen keinen Platz wegnimmt. Davon weiter unten.

Die Wasserkünste, rechter Hand vom Petersthore, nahe bey der Nonnenmühle, sind zwey Wasserthürme an der Pleiße, welche die Stadt mit Wasser versorgen.

Das Lazareth[23] ist in der Ranstädter Vorstadt. Man sieht es linker Hand beim Eingange in das Rosenthal. Von der Lazareth-Kirche s. oben. Es sind eigentlich zwey Häuser, wovon eines der Universität gehöret. (S. Gesch. der St. Leipzig, 1778. p. 14.)

Das Hospital zu St. Johannis ist in der Grimmischen Vorstadt. Es ist ein ganz artiges Gebäude. Man sieht es am besten aussen vor dem Hospital-Thore, linker Hand, wenn man draussen ist. Von der hiezu gehörigen Kirche s. oben.

Die öffentliche Reitbahn[24] ist im Ranstädter Zwinger rechter Hand, wenn man zu diesem Thore hinaus gehen will. Sie ist nicht vorzüglich groß, aber sonst schön. Auch präsentirt sich das Gebäude gut, aber vorzüglich in der Allee. Weiter hinten im Zwinger ist ein Platz zum Carrousel eingerichtet. Verschiedene, deren Urtheil unpartheiisch war, lobten diese Bahn nicht ausserordentlich. Auch sollen sie nicht sehr viel schöne Pferde haben. Die schlechtern davon werden auch zuweilen ausgeliehen, aber, wie man mir sagen wollte, etwas theuer. Der Stallmeister war zu meiner Zeit Hr. Rosenzweig, ein Mann der sonst sehr schön soll geritten haben, der aber jetzt vor Alter, und als Stallmeister, sehr schlecht auf dem Pferde sitzt.

### Oeffentliche Gebäude.

Das Comoedienhaus*) linker Hand, etwas weiter hinauf, der Reitbahn gegenüber, präsentirt sich besonders in der Allee. Es ist nicht groß, aber artig. Nur hat es einen kleinen Fehler in der Anlage des Entrées, bey etwaigem Feuer, wo das Gedränge unvermeidlich ist. Rechter Hand, wenn man hineinkömmt, geht es auf das Theater, rund herum in die Logen des ersten Ranges, linker Hand die Treppe hinauf in die andern Logen, und weiter hinten in das Parterre. Zu diesem führen sechs Stufen hinunter. Es ist nicht vorzüglich groß, und ein planum inclinatum. Zwischen dem Parterre und dem Theater ist das Orchester. Man wollte mich versichern, das Parterre könne ebenfalls, wie andre, bei Masqueraden und Redouten in die Höhe geschroben werden. Ausser dem Parterre, sind die Logen des ersten Ranges, die Logen des zweyten Ranges, unter denen die große Mittelloge ist, und die des dritten Ranges, und über diesen die Gallerie. Die Decke ist von Oesern gemahlt, und auch, falls ich nicht irre, in der Bibl. der schönen Wissensch. beschrieben,**) so, wie der neue Vorhang, der nur in der Messe zu sehen, und ebenfalls von Oesern gemahlt ist. Oben an der Decke, nach der großen Mittelloge zu, sind zwey christallene Kronleuchter, die nur bey der Anwesenheit des Churfürsten angezündet werden, und zu sehen sind. Von der Comedie und dem Orchester siehe unten.

Die Pleissenburg (S. Scenograph. Lipf. fol. I. a.) ist das Schloß, und ein abgesonderter Theil der Stadt, so zu

---

*) Das Comoedienhaus ist kurz im Anfange des Jahres 1766, oder gegen dies Jahr aufgebauet. S. Neue Bibl. d. sch. Wiss. u. fr. Künste, Band III. pag. 145. [25]

**) S. Neue Biblioth. d. sch. Wiss. u. fr. Künste, Band III. pag. 146 ff. Der Vorhang enthält eine allegorische Vorstellung der Geschichte der dramatischen Dichtkunst, wobey alle die Gesichter der alten und neuen Dichter nach der Natur und dem Leben gezeichnet sind.

Das Deckengemählde enthält ein Compliment gegen den Churfürsten, als Beschützer der Künste.

sagen. Am Eingange von der Burgstraße steht eine Stadtwache;\*) An dem Ausgange in die Allee liegen Feldsoldaten. Sie fällt sogleich auch durch das Alter ihres Aeusern ins Auge. Sie wurde, so wie sie jetzt steht, 1551 zu bauen angefangen. Es ist hier die catholische Kirche, von der oben geredet ist; auch die Zeichnungs-, Malerey- und Architectur Akademie. (S. Scenograph. Lipf. fol. I. a.) Sie ist oben, bey der Wohnung des Prof. Oesers, und besteht aus drey nicht vorzüglichen Zimmern, die ihre Sitze, Tische ꝛc. haben. Das hinterste ist zu den Abendlectionen, für Zeichnungen nach dem Leben, bestimmt. Man hat, wie mir ein Kupferstecher, mein Freund, sagte, dazu fast immer einen alten Kerl verdungen, welcher das Modell abgeben muß. Dieser stellt sich hin — aber er ist nachlässig und faul, so, daß die Schüler von der Zeichnung nach dem Leben nicht den Nutzen haben, den sie haben müsten.

Es sind einige Statüen oben, z. B. Laokoon, der Fechter, Ganymedes (oder Antinous), die mediceische Venus; wie sie auch auf der Rathsbibliotheck sind; und andre kleine Stücke ꝛc., Köpfe, Masken, ꝛc. von Gyps ꝛc. Viele Stücke zum Nachzeichnen, die in Ramen und Glas gefaßt sind, und in Fächern eines Bücherbretes eingeschoben verwahrt werden. Man zeigte mir viele von Oesern darunter.

Unten sind zwey gewölbte Zimmer, zu Bildhauerarbeit, wo (acht Tage vor Ostern, 1779)[26] als ich die Akademie besah, an dem Monument für Caroline Mathilde[27] gearbeitet ward. Die Urne war auf der Hälfte, wo sie das Bildnis der Königin trägt, und die Wahrheit, die sich über die Urne beugt, unten aus dem Gröbsten, oben vorne bis unter den Busen fertig; hinten ward an den Haaren gearbeitet. Die Wahrheit hat ein sehr schönes, freymüthiges, freundliches Ansehen. Das Bildnis der Königin war, so viel ich mich ihrer Züge erinnern kann, ungemein gut getroffen. Die zweite und dritte Figur

---

\*) Pleißenburg und Schloßthor, s. Mal. sch. Ausf. v. d. St. Lpz. I Lief. VIII u. IX Taf.

zu diesem Monument standen, ebenfalls schon aus dem Gröbsten fertig, hinten im andern Zimmer.

Auch stand daselbst, schon ganz fertig, die Statüe des jetzigen Churfürsten von Sachsen, von Sächsischem Marmor, die anfangs vor dem Jablonowskyschen Palais sollte aufgerichtet werden, jetzt aber in die neu angelegte Esplanade vor dem Petersthor kommen wird.

---

# Drittes Capitel.

## Die hervorragenderen Privatgebäude.

Zu den vorzüglichsten Privatgebäuden in Leipzig gehören

Das Jablonowskysche Palais, zwischen dem Peters- und Grimmischen Thore; auch der Churprinz[28] genannt. Jetzt bewohnt es, nach dem Absterben des Fürsten, seine Gemalin, nebst ihrem Prinzen.

Das Homannische oder Hohenthalische Haus[29] am Markte (S. Scenograph. Lipf. fol. I. b.), gehört dem vormaligen Vicepräsidenten von Hohenthal, der aber, allenfalls ausser den Messen, selten in Leipzig, mehrentheils in Dresden, oder auf seinen Gütern ist. Hier ist das Intelligenz-Comtoir.

Das Curtiussische Haus[30], am Markte (S. Scenograph. Lipf. I. b.), ein sehr schönes Gebäude;[31] gegen welchem über ein Brunnen ist, welcher der goldne (Ibid. loc. cit.) heißt. Er mag sonst schön ausgesehen haben; er wurde im Jahr 1582 mit Gold überzogen.

Das Thomäische (sonst Apelische) Haus,[32] am Markte, ein sehr großes und schönes Gebäude (S. Scenograph. Lipf. fol. II. e.). In einem der hintern Säle wird das Zillersche Uebungs-

Concert gehalten. Sonst ist dies das Haus, wo der Churfürst, wenn er nach Leipzig kömmt, wohnt. Deswegen werden auch die vordern Zimmer nicht vermiethet. Und dann ist auch in einem Theile des Schlafischen Hauses (S. ibid. l. cit.),[33] das gleich neben an in die Petersstraße geht, das Speisezimmer. Zu meiner Zeit war der Churfürst nicht da.

Das Hommelsche[34] (S. Scenograph. Lipf. I. b.), des Ordinarii in der Juristen-Facultät großes Haus, das Küstnerische Haus ꝛc. am Markte[35] ꝛc.

Das ehemalige Romanische, jetzt Richterische Coffeehaus[36] (S. Scenograph. Lipf. fol. II. d.), ist das Eckhaus in der Catharinenstraße am Brühl, linker Hand. Es ist ein sehr großes, prächtiges Gebäude. Ganz oben soll ein Fischteich seyn. Ich wollte mich so oft von einem der Markeurs herumführen lassen, aber — es ward immer nichts daraus; und daher bin ich nicht weiter gekommen, als in die öffentlichen Zimmer der ersten Etage. Der Erbauer dieses Hauses, der Romani[37] hieß, und, wenn mir recht ist, Bürgermeister in Leipzig war, hatte sehr großes Vermögen, und wechselte mit dem damaligen Churfürsten Handbriefchen. Allein dieser Bau nahm ihm sein Vermögen, und brachte ihn dadurch auch in die Ungnade des Churfürsten. Ueber der Thür im Brühle stehen einige Statüen, die mir entfallen sind; eine darunter, denk ich, stellt die Fama vor. Der Besitzer des gegenüberliegenden Hauses, der goldene Apfel oder Beyer's Coffeehaus[38] genannt, war ein Feind dieses Romani,[39] und ließ also auf seines Hauses Ecke oben eine Statüe setzen, die noch da ist, und verächtlich auf das Romanische Haus hinüberweiset, und der Eitelkeit spottet. — Man hat mir sagen wollen, der jetzige Besitzer, Richter, würde es um einen billigen Preiß gerne wieder verkaufen. Aber es wird sich so leicht keiner finden. Die untersten Zimmer sollen, der Nässe wegen, fast gar nicht zu gebrauchen seyn.

Der berühmte Auerbachische Hof[40] ist auf der Grimmischen Gasse (S. Scenograph. Lipf. fol. II. e.) und geht auf den Neuen-Neu-Markt. Des Gebäudes wegen ist er nicht so berühmt geworden. Es stehn die größten Kostbarkeiten in den Gewölbern dieses Hofes, vorzüglich in der Messe; und alsdann ist er der Platz, wo die Vornehmen, Fremden, Landadel ꝛc. und was sich nur sehn lassen will, in Putz sich versammeln, vorzüglich Mittags von 11 bis 12 Uhr.

Man hat ein Gedicht auf diesen Hof, und seinen damaligen Besitzer, unter dem Titel: Die Unschätzbarkeit des galanten Leipzig, und absonderlich des kostbaren Auerbachs-Hofes, entworfen von Halandern. Leipzig 1717. 8°., in welchem Buche man auch eine Vorstellung dieses Gebäudes, auf der Seite nach der Grimmischen Gasse zu, findet. Einen ganz neuen Kupferstich von Auerbachs Hofe, wo der Stand des Malers am Eingange an[41] der Grimmischen Gasse war, hat man aus Leipzig selbst, von Rossmäsler, der auch die Promenade und den Eingang ins Rosenthal geliefert hat.

---

## Viertes Capitel.

### Die Universität. Professoren und Studenten.

Die Universität Leipzig entstand, als 1409 bei den Unruhen in Prag über 20000 Studenten[42] an einem Tage die Stadt verließen, und auch ein paar tausend davon nach Leipzig kamen. Am 2. Decbr. 1409 ward sie von dem Herzog Friedrich dem Streitbaren, Marggrafen zu Meißen, und nachmaligem Churfürsten, und seinem Bruder, Herzog Wilhelm, eingeweiht. Sie ward, nach dem Vorbild der Prager und Pariser Academie in vier Nationen eingetheilt: die Meißnische, Sächsische, Bayerische oder Fränkische, und Polnische, wovon jede ihre bestimmten Länder unter sich begreift, die, nach der Aenderung, die hernach Georg der Bärtige hierin machte, jetzt folgende sind: Zur Meißnischen Nation gehört Meissen und Thüringen; zur Sächsischen Magdeburg, Halberstadt, Bremen, Verden, Hildesheim, Brandenburg, Pommern, Meklenburg, Holstein, Lauenburg, Westphalen, Cöln, Trier, Münster, Osnabrück, Paderborn, Minden, die Niederlande, Dännemark, Schweden, England, Schottland, Irland; zur Bayerischen West- und Ost-Franken, Frankreich, Ober- und Niederpfalz, Maynz, Bayern, Schwaben, Bamberg, Würzburg, Oesterreich, Salzburg, Steyermark, Cärnthen, Tyrol, Italien, Spanien, Portugal; zur Polnischen Polen, Böhmen, Ungarn, Mähren, Schlesien, Ober- und Niederlausitz.

Die Insignia der Facultäten und Nationen sind im auditorio philosophico abgemahlt zu sehen.

Die Akademie wird unter die Prälaten und ersten Landstände in Sachsen gezählet, daher ihre Abgeordneten auf den Landtagen erscheinen ꝛc. (S. Der neugierige Paßagier, Frkft. u. Lpz. 1767. 4°. pag. 50.)

Der Universität gehören die sogenannten drey alten Dörfer, Kötzschin, Merkowitz und Hohe Heyde. Die Collegiaten des großen und kleinen Fürstencollegii haben mit der Juristenfacultät die Jurisdiction über dieselbe gemein. Ferner die fünf neuen Dörfer, Holzhausen, Zuckelhausen, Klein-Pösna, Wolfshayn und Zweenfurt. Zur Dotation gewisser Professuren gehören auch die Universitätscanonicate, als zwey im Stifte Meissen, zwey im Stifte Merseburg, eins in Naumburg, und eins in Zeitz. S. den Addr. Calender. Die Wahl dieser sechs Canonicorum steht nicht bey jedem Stifte, sondern bey der Universität Leipzig.

Die Collegia der Universität sind:

1. Das große Fürstencollegium, Collegium principum maius [43] (S. Scenograph. Lipſ. fol. II. h.), in der Ritterstraße; gemeiniglich das schwarze Bret genannt. Der Collegiaten sind zehn, die man im Addreßcalender sehen kann,

nemlich 8 Nationales, und 2 Medici ohne Ansehn der Nation. Der neue Präpositus wird jährlich am Tage Georgii nach Ostern erwählt: seine Antrittszeit aber fällt erst auf den Tag Galli, nach Michael.

2. Das kleine Fürstencollegium,⁴⁴ Collegium Principum minus, ist an der rechten Seite auf der Ritterstraße, nach dem Brühle zu, an der Ecke des Eselsplatzes. Der Collegiaten sind acht. Der Präpositus wird jährlich erwählt am Sonnabend nach der Jubilate-Zahlwoche. Die Collegiaten s. im Addr. Cal.

3. Das Frauencollegium,⁴⁵ auch in der Ritterstraße, hat fünf Collegiaten. S. den Addr. Cal. Der Präpositus wird alle Jahr am Tage Georgii nach Ostern ernannt. Es gehört der Schlesischen Nation; einer der Collegiaten ist ein Preuße.

4. Das rothe Collegium oder das neue,⁴⁶ gehört der philosophischen Facultät. Der Präpositus ist jedesmal der Decan. (S. Scenograph. Lips. fol. II. b.)

5. Das Petrinercollegium⁴⁷ gehört der Juristenfacultät, und ist auf der Petersstraße.

6. Das neue Collegium Juridicum, oder das neue Petrinum,⁴⁸ gehört ebenfalls der Juristenfacultät, und liegt am Schloßplatze. Der Hofrath Bel stritt es, als Rector, einmal dem Rathe ab, worauf die Juristenfacultät das jetzige schöne Gebäude errichten ließ, im Jahr 1774.

7. Das Fürstenhaus,⁴⁹ an der Grimmischen Gasse.

8. Das Paulinercollegium (S. Scenograph. Lips. fol. I. c.) auf der einen Seite an der Grimmischen Gasse, und auf der andern am Alten-Neu-Markt. Darin befindet sich der botanische Garten, das Anatomische Theater, die Universitäts-Bibliothec. S. unten.

Die Auditoria sind: das Theologische, im Paulino; das Juristische, im neuen Petrino; das Medicinische, im schwarzen Brete, über dem Philosophischen Auditorio; und das Philosophische, ebendaselbst.

„Der Rector ist das Haupt der Universität, und geht allen andern vor. Man pflegt auch in Leipzig die Fürsten, Grafen und Freyherrn, wenn sie wirklich dort studiren, nicht zu übergehen, wiewohl denselben alsdann ein Professor oder Prorector zu adjungiren ist." So ist auf der Rathsbibliothek 3. L. ein Gemählde, das folgende Inschrift hat: Zamistus Radzivist, Herzog zu Birze und Dubinku, Fürst des h. R. R. Rector Academiae Lipsiensis A. 1629. aetatis suae 47. S. weiter unten. — „Der Rector muß beim Antritt schwören ꝛc. Er hat Macht, wenn es die Noth erfordert, und in Sachen, die das ganze corpus angehen, die ganze Universität zusammenzurufen; Kleinigkeiten aber vor sich, mit dem Universitäts-Notarius, welcher protocollirt, abzuthun. Im übrigen kann er, mit Zuziehung der Decanorum in allen geistlichen und weltlichen Universitäts-Sachen, welche das ganze corpus nicht angehen, sich über 20 fl. nicht betragen, und iura, privilegia, Freyheiten, bona, actiones und nomina nicht betreffen, erkennen." Vid. Schaumburgs Einleit. zum Sächs. Recht ꝛc. 1768. p. 305 f.

Concilia der Universität sind vier:

1) Das Concilium perpetuum, welches das ordentliche Academische Gericht ist, und alle Mittwoch und Sonnabend Vormittags gehalten wird. Das Haupt davon ist der jedesmalig Rector Magnificus. Seine Würde dauert ein halbes Jahr, und die Wahl eines neuen Rectors fällt im Sommer, am Tage Georgii nach Ostern, an die Bayersche und Sächsische Nation; im Winter, am Tage Galli nach Michael, an die Polnische und Meißnische, allemal auf einen aus dem Concilio Professorio. Der Beysitzer sind vier, und die neue Wahl derselben geschieht jährlich zweymal, Mittwochs nach Trinitatis, und Mittwochs nach dem ersten Advent. Aus jeder der vier Nationen wird einer erwählt, ausgenommen aus derjenigen nicht, aus welcher der abgegangene Rector ist, weil dieser alsdann noch ein halbes Jahr, als Exrector und erster

Beysitzer im Concilio bleibt, und als Errector seinen Platz neben dem Rector Magnifico hat. Die übrigen Personen bey diesem Gerichte, der Syndicus, Actuarius, Registrator, Copist, Armenadvocat, die Pedellen, der Universitätsbothe, Gerichtsdiener, sind beständig.

Dies Concilium ist doppelt, privatum und publicum. Jenes ist das, wovon hier geredet ist; es erkennet über Kleinigkeiten, und exequirt nach Gelegenheit eine Strafe: alles aber wird zu gewisser Zeit aufgezeichnet, und dem Concilio publico überreicht. Dies letztere decidirt alle Hauptsachen und besteht aus dem Rector, den obbenannten 4 consiliariis, noch drey andern consiliariis aus jeder Facultät, (dem Cancellario) und dem Ordinario der juristischen Facultät, nebst den andern Decanen. Dies ist der ordentliche Magistrat der Universität, daher auch alle Assessores, ausser dem Rector (und Cancellarius), der seinen Eid schon geleistet hat, eidlich verpflichtet werden. Auch sollen die Assessores, ausser dem Rector, jenen 4 Consiliariis und den Decanis, nicht leicht verändert, noch andre an deren Stelle substituirt werden. Sonst erkennt dieser Magistrat über alles, was die Academischen bona, reditus, iura, und dergleichen betrifft. Die Kleinigkeiten aber gehören vor das Concilium privatum, und soll deswegen das publicum nicht bemüht werden; nur soll es monathlich einmal zusammenkommen, damit der Rector von dem, was vor dem Concilio privato verabhandelt worden, Bericht erstatten kann. — Hingegen soll das ganze Corpus Academicum ohne die größte Noth nie zusammen berufen werden. — Schaumburg l. c. p. 307. f.

Die Leipziger Universität hat nicht nur, wie alle, iurisdictionem civilem, sondern auch, nach einem besondern Privilegium die criminalem; so, daß nicht allein die, welche actu zu Leipzig studiren, und anderwärts delinquiren, nach Leipzig zur Anstellung der Inquisition und Execution der Strafe abzufolgen sind; sondern daß auch der Leipziger Rath sich nicht in die Inquisitionen wider die Studenten mischen darf. — Schaumburg l. c. p. 308. 310.

Von der poena relegationis ist dies besonders zu merken, daß sich die Studiosi durch Erwählung der Militz nicht davon befreyen können; sogar, daß wenn sie sich bey den Soldaten angeben, sie in Verhaft genommen werden sollen. — Schaumburg l. c. p. 309.

Das ganze Corpus Academicum steht unter dem Fürsten, besonders aber gehört die Universität zu Leipzig gewissermaaßen unter das Oberhofgericht zu Leipzig; so daß nicht allein das ganze corpus, sondern auch alle Facultäten in Justitz- und Proceß-Sachen vor demselben stehen müssen. — Schaumburg l. c. p. 314.

Die Pedellen gehn in Leipzig beständig mit dem Degen an der Seiten.

Der Ort, wo das Akademische Gericht gehalten wird, ist hinten im Paulino, und das eigentliche Zimmer ist schön.

2. Das Concilium nationale magnum macht die Universität in corpore aus. Das Haupt ist ebenfalls der Rector Magnificus. Seine Beysitzer sind folglich alle Professoren, Collegiaten, und Facultisten, alle bey der Universität promovirte und habilitirte Doctoren, Licenziaten, und Magister. Es geht hier wieder nach den vier Nationen, deren Seniores im Abdr. Cal. stehen. Es wird bey wichtigen Gelegenheiten, als der Wahl eines neuen Rectors, eines Canonicus, eines Decemvirs, und Syndicus zusammenberufen, und alle halbe Jahr werden darin die Beysitzer des Concilii perpetui durch die meisten Stimmen erwählt.

Ausserdem hält auch jede Nation Particular-Convente, für sich, die der Senior der Nation anstellt, und wobey alle Nationales erscheinen; ausgenommen bey den Particularconventen der Meißnischen Nation, welche, weil sie so sehr stark ist, dazu aus ihrem Mittel nur die zwey obersten Professoren einer jeden Facultät zu deputiren pflegt. Von diesen Deputirten f. d. Abdr. Cal.

Die Meißnische Nation ist die stärkste. In der Sächsischen war zu meiner Zeit kein einziger gebohrner Sachse, alle nationalisirt. In der Pohlnischen waren lauter Gebohrne. Die Bayerische oder Fränkische war die schwächste, und eben daher die einträglichste.

3) Das Concilium Profesorum hat natürlich ebenfalls den Rector Magnif. zum Haupt; seine Beysitzer sind die wirklichen ordentlichen Professoren von der alten Stiftung, ohngeachtet auch etliche, die vom Churfürsten besonders den Titel ordentlicher Professoren erhalten, bisweilen aus Churfürstlicher Gnade Sitz und Stimme darin erhalten. Es werden darin wichtige, die Universität und die Facultäten betreffende Sachen, auch, was vor dem Concilio perpetuo nicht hat ausgemacht werden können, besonders Criminalia, und exclusio oder relegatio ad tempus ꝛc. in Rathschlag genommen.

## Ordentliche Professoren.

### 1. der Theologie.

Jetzt sind 4 Professoren der Theologie, die nach den Statuten zwey im alten und zwey im neuen Testament lesen, auch jederzeit der Successor des Antecessoris Arbeit continuiren sollen. Sie waren zu meiner Zeit 1) D. Joh. Aug. Ernesti, 2) Joh. Fr. Burscher, 3) Chr. Wilh. Thalemann, und nach dessen Tode ..... Schwarz, 4) Joh. Gottfr. Körner. S. den Adreßcal.

Unter die Professoren der Theologie wird auch der Profesor linguar. Oriental. gerechnet, nicht sowohl weil er Bücher der Schrift erklärt, als weil er von der theologischen Facultät gewählt und besoldet wird. Zur theologischen Facultät aber gehört er nicht, wenn er nicht D. Theol. ist, und sich habilitirt hat. Doch kann er wohl Beysitzer in der Philosophischen Facultät seyn, wenn er Magister ist, und sich dazu, nicht ratione professionis, sondern nationis, habilitirt hat. Im Jahr 1623 wollte der Churfürst bey vorgefallenen Irrungen durch das damalige Visitationsdecret ihn in die philosophische Facultät, und, gleich andern Professoren, zum Genuß aller Vortheile bringen. Als aber diese heftig dagegen protestirte; so ist die Sache bis jetzt noch so geblieben. — Jetzt ist es D. Joh. Aug. Dathe. S. d. Adr. Cal. — Nach den alten Statuten soll er die Ebräische

Sprache ohne Weitläuftigkeit, und das Compendium Grammaticae jährlich viermal auslesen.

S. Schaumburgs Einleitung 3. Sächs. Rechte.

## 2. der Rechten.

Dieser Professoren waren anfänglich nur zwey, hernach vier, und endlich fünf: welche Zahl auch noch jetzt ist. Sie sollen nach den alten Statuten den curfum iuridicum in fünf Jahren absolviren. Jetzt sind es folgende:

1) Professor Decretalium ist D. Carl Ferd. Hommel;
2) Professor Codicis, D. Friedr. Gottl. Zoller;
3) Prof. Institutionum, D. Joh. Gottl. Seger;
4) Prof. Pandectarum, D. Heinr. Gottl. Bauer;
5) Prof. tit. de Verb. signif. et reg. iuris ist D. Jos. Ludw. Ernst Püttmann.

Ohne Sitz und Stimme im Concilio Professorum:

1) D. Chr. Heinr. Breuning, Prof. iur. Nat. & gent.
2) D. Carl Rud. Gräfe, Prof. iur. feud. ist als wirkl. Hofrath ıc. in Dresden.

S. den Addr.=Cal. — Schaumburg l. c.

## 3. der Medicin.

Anfänglich waren keine gewissen öffentlichen Professoren. Churf. Friedrich der Gütige ordnete 1438 zwey Professores Medicinae ordinarios an, einen Therapeutices, den andern Pathologiae. Zum Professor der Therapeutik wurde der damalige Decan der medicinischen Facultät genommen, und seitdem ist diese Professur immer als ein Vorzug beim Decanat geblieben. Drey und neunzig Jahre hernach, im Jahr 1531, ordnete Herzog Georg zu Sachsen, bey einer Streitigkeit des Raths und der Universität, ıc. die dritte Professur der Medicin, nemlich Physiologiae, an. Churfürst Moritz setzte die vierte Professur, Anatomiae & Chirurgiae, hinzu; und Churfürst August, sein Nachfolger, ordnete den botanischen Garten, und einen Botanicus darüber, an.*)
— Jetzt sind folgende ordentliche Professoren der Medicin:

1. Decan der Facultät, und Prof. Therapeutices, D. Ant. Wilh. Play.
2. Prof. Pathologiae, D. Joh. Chph. Pohl.

---

*) Hainze Or. iubil. von Anfang und Aufnehmen der Medicinischen Professionen bey der Universität Leipzig; den 20 Juni 1630. wird citirt in Schneideri Chronic. Lips.

3. Prof. Anat. & Chir. D. Ernst Gottl. Bose.
4. Prof. Physiolog. D. Joh. Carl Gehler.
   Und ohne Sitz und Stimme im Concil. Profess.
D. Ant. Ridiger, Chym. Prof. Ord.

Dr. Plaz erwähnte einmal in einem Collegio über die medic. Literärgeschichte, daß nach den alten Statuten die Physiologie über den Galenus de usu partium, und zwar so sollte gelesen werden, daß der Professor in einem halben Jahr damit durchkäme.

### 4. der Philosophie.

Diese Professuren waren anfangs veränderlich und abwechselnd, welcher Wechsel alle halbe Jahr, am Tage Gregorii und Aegidii, geschah.50 Dem einen wurde ein Stück aus der Metaphysik, dem andern aus der Physik, jenem aus der Ethik, diesem in der Rhetorik, dem fünften in Arte veteri, dem sechsten in Arte oder Logica nova, dem siebenden aus der Poesie; dem in der Grammatik; dem in arte epistolandi, dem zehnten in der Mathematik, dem eilften in der Musik gegeben, und zugleich befohlen, die ihm übertragene Materie in einem halben Jahre zu endigen. — Churfürst August änderte 1557 diese Anstalt, so, daß von nun an die Professuren beständig waren, und bey einem Manne blieben. Es waren damals 12 Professoren, 1) Organi Aristotelici, 2) utriusque linguae et Ethicae, 3) Physicae Aristotelicae, 4) Mathematum, 5) Fabii Quintiliani, 6) Virgilii et Terentii, 7) Dialectices, 8) Rhetorices, 9) Libelli de Anima, 10) Elementor. mathem. 11) Grammatices latinae, 12) Grammaticae graecae. Im folgenden Jahr, 1558, ward die Professio Quintiliani dem Rhetorifer, und die de Anima dem Physiker mit übertragen, daß also nur 10 Professoren blieben. Im Jahr 1580 wurden die beyden Professuren Grammat. graec. und latin. in eine zusammengezogen, und folgende neue Professoren angeordnet, 1) Grammat. Graec. & lat. 2) Dialecticae novae, 3) Partitionum oratoriar. Ciceron. & Quintil. 4) utriusque linguae & Historiar. 5) Comoed. Terent. Virgil. Hesiodi, & Cyropaediae, 6) Mathematices, 7) Organi Aristotelici, 8) Physices, 9) Ethic. & Politic. Aristotel. Endlich ward die Professur der griech. u. lat. Grammat. ganz und gar aufgehoben, daß also nur 8 Professoren blieben. Diese wurden auch 1617 in den neuen Statuten vom Churfürst Johann Georg bestätigt, obgleich nachher die Professuren sich in einigen Stücken geändert haben mögen; wozu auch wohl die Trennung der Profess. utriusque linguae von der Profess. histor. zu rechnen ist, daß also dadurch vermuthlich wieder neun Professuren nöthig wurden. In Schaumburgs Einleitung zum Säch-

## Viertes Capitel.

fifchen Rechte, wird p. 300 (nach der Ly3. Ausgabe von 1768) gesagt: „Zur philosophischen Facultät sind neun Professores geordnet." — Was sie nach den alten Statuten lesen sollten, sieht man zum Theil aus den angeführten Namen der Professuren. — Jetzt sind neun ord. Prof. der Philosophie, nemlich:

1) Prof. Poeseos Carl Andr. Bel,
2) Historiar. Joh. Gottl. Böhme, [† d. 30. Jul. 1780.]
3) Ethic. & Politic. Aristot. H. G. Franke.
4) Dialectices novae (vermuthlich Petri Rami) Chr. G. Seydlitz, oder Professor Metaphysices.
5) Mathematum, Ge. Heinr. Borz,
6) Rhetorices & Eloq. Aug. Wilh. Ernesti,
7) Ling. gr. & lat. Sam. Fr. Nath. Morus,
8) Physices, Chr. Bened. Funke,
9) Organi Aristotelici, Chr. Aug. Clodius, (nach Carl Günther Ludovici's Tode.)

S. den Abdr. Cal.

## Ausserordentliche Professoren.

### der Theologie.

D. Joh. Ge. Richter,
Joh. Gottl. Bosseck, Ling. hebr. P. E.
S. Fr. Nath. Morus. S. oben Philos.

### der Rechte.

D. D. G. A. Wilke.
D. Aug. Fr. Schott, Antiqq. iur. P. E.
D. Chr. Rau.
D. Joh. Ad. G. Kind.

### der Medicin.

D. Carl Chstian Krause, Anat. & Chir. P. E.
D. Ernst Platner,
D. Joh. Ehrenfr. Pohl, Botanic. P. E.
D. Joh. Gottlob Haase.

### der Philosophie.

Joh. Fr. Fischer, Litter. hum. P. E. und Rector an der Thomas= Schule.*)
Joh. Joach. Schwabe,
Ant. Ernst Klausing, Antiquitt. sacrar. P. E.
Chph. Fr. Lösner, Philologiae sacrae P. E.
Joh. Ge. Eck,
Fr. Aug. Wilh. Wenk,
Fr. Wolfg. Reiz,
Chr. Fr. Pezold,
Nathan. Gottfr. Leske, Histor. Nat. P. E.
Ernst Wilh. Hempel,

S. den Abdr. Cal.

---

*) „Mich dünkt, ich habe einmal wo gelesen, daß der Leipziger Rath „nicht habe zugeben wollen, das Rectorat an der Thomasschule mit einer

Die Universität. Professoren und Studenten.

Von diesem Concilio Professorum dependirt die Almosendeputation; die Büchercensur, welche bey den drey obern Facultäten jedesmal der Decan, bei der Philosophischen aber jeder ordentliche Professor in seinem Sache, und der Decan dieser Facultät über alle diejenigen Schriften hat, die in mehr, als eine, Professur einschlagen, auch alle Auctions=Catalogen; das Archivariat; das Calenderwesen. S. d. Adbr.=Cal.

Auf dies Concilium Profesorum folgt nun:

4) das Concilium Decemvirorum. Dies hat die Oeconomie, mit den Einkünften und der Bestellung derselben, zu besorgen; ingleichen die Inspection über die gemeinen Tische der Studenten, über das Paulinercollegium, und die Pauliner=kirche. Es besteht aus zehn Männern. Das Haupt davon ist der Rector Magnif., der, nebst dem Decan der philosophi=schen Facultät, (wenn anders dieser nicht schon ausserdem ein ordentlich erwählter Decemvir ist) die einzigen zwey Personen ausmacht, welche alle halbe Jahr abwechseln. Die übrigen acht Decemviri sind aus jeder Facultät die zwey obersten Pro=fessoren, und perpetui Decemviri. Sie werden von allen vier Nationen durch eine solenne Wahl ernannt. — Dies ist die vornehmste Würde, die einem bey der Universität begegnen kann, obgleich die Einkünfte davon nicht beträchtlich seyn sol=len. — Die Aufsicht über das Convictorium hat allemal einer von den Decemviris ein Jahr lang, von Michael bis wieder zu Michael. — Dies Concilium war nicht gleich von Anfang der Fundation der Universität, sondern ward erst 1543 errich=tet, als Churfürst Moritz, auf Ansuchen des Doctor Caspar Börners, der Universität das ganze Pauliner=Kloster, mit der Kirche, den anstehenden Häusern, und der Bibliotheck, und zur

---

„Profession zu verbinden, und daß er so strenge darüber gehalten habe, „selbst Gesnern lieber von Leipzig wegziehen zu lassen, als eine Aus=„nahme von dem Gesetz zu machen."

Michaelis, Raisonnement über die protest. Univers. Th. II. S. 266.

Vielleicht hat der Rath wohl Recht; denn eins von den zwey Aemtern wird versäumt werden. Man hat mich versichern wollen, Fischer läse gar keine Collegien: er sey zu nachlässig.

Anrichtung des Klosters mit 2000 fl., wie auch zu besserm Unterhalte der Professoren die fünf neuen Dörfer (s. unten) schenkte, und für arme Studenten viel Beneficia stiftete.

Endlich folgt

5) das Concilium Decanale, welches aus dem Rector Magnificus, und den jedesmaligen Decanen aller vier Facultäten besteht. Unter diesem Concilio steht die Oberaufsicht über die fünf neuen Dorfschaften der Universität; die Hals- und Landgerichte; wie es auch zugleich den Bedienten die Präpositur-Rechnungen abnimmt; und die Administration des Fürstenhauses.

Ausserdem sind noch die vier Facultäten. Eine jede hat einen Decan zum Haupte, auf dessen Berufung die Professoren und Beysitzer jeder Facultät zusammenkommen. Nach dem Decan hat jede Facultät einen Senior.

„Der Decanus ist das Haupt, und Inspector der ganzen Facultät, hat in öffentlichen actibus den Rang nach dem Rector, verwahrt die Academischen insignia, und expedirt zugleich mit dem Rector alle geistlichen und weltlichen Universitäts-Sachen. Ein jeder Decanus soll dahin sehen, daß die Lectionen, Disputationen, Promotionen, und andere in seiner Facultät vorfallenden Dinge den statutis academicis gemäß sind; daher soll er keine Unwürdigen zu den Gradibus admittiren. Das, was in vim Programmatis öffentlich angeschlagen wird und diejenige Facultät, aus der der Rector erwählt worden, in specie nicht angeht, muß er concipiren ꝛc." — Schaumburg l. c. p. 306. f.

In der theologischen Facultät sind ordentlich nur vier Beysitzer, nemlich die vier ordentlichen Professoren von der alten Stiftung, und unter diesen wechselt nach der Reihe, ohne Ansehn der Nationen, das Decanat alle Jahre, am Tage nach St. Galli ab. Senior war zu meiner Zeit Jo. Aug. Ernesti. — In der iuristischen Facultät ist der Decanus beständig, und heißt Ordinarius. Er ist zugleich der Academie beständiger

Consiliarius. Zu meiner Zeit war der Ordinarius Carl Ferdin. Sommel. Der Churfürst von Sachsen gab 1711, als damaliger Reichsvikarius, der juristischen Facultät zu Leipzig die iura comitivae palatii (Schaumburg, l. c. p. 303.). Session hält sie alle Montage, Mittwoche, Freytage, und Sonnabend Nachmittags von 3 bis 8 Uhr im Petrino auf der Petersstraße. — In der medicinischen Facultät ist das Decanat ebenfalls auf zeitlebens beständig und immer mit der Professur der Therapie verbunden. Zu meiner Zeit war Decan Anton Wilhelm Plaz und Senior Joh. Chph. Pohl. — In der philosophischen Facultät wird der Decan alle halbe Jahre, jedesmal den Sonnabend vor der neuen Rectorwahl, nach den Nationen erwählt. Senior war zu meiner Zeit Carl Andreas Bel. Der Churfürst von Sachsen gab, als Reichsvikarius, 1741 dieser Facultät das Privilegium, poëtas laureatos zu creiren.

Die Akademischen Gradus sind in Leipzig theuer. Von der theologischen Würde weiß ich nichts gewisses, weil nur ein einzigesmal zu meiner Zeit eine solche Promotion war, die des Dr. Scharf. Die Creation ist mit sehr großen Feierlichkeiten verbunden, die ich aber anzusehn versäumte. „Wer in der theologischen Facultät Baccalaureus werden will, muß die Hauptartikel des christlichen Glaubens aus der Schrift vertheidigen, öffentlich disputiren und ein Privatexamen ausstehen. Ad licentiam aber und Gradum Doctoris kömmt Niemand, der nicht zu einem, dem Gradui gemäßen Amt vocirt worden ist, eine öffentliche Probepredigt gehalten hat, die Glaubensartikel aus der h. Schrift erweisen kann, eine theologische (extraordinäre) Disputation hält, über einen gewissen ihm bestimmten Text cursorie lieset, das Iuramentum religionis leistet, und die Formulam concordiae unterschreibt." (Schaumburg, l. c. p. 303.) — Bey der Juristischen und Medicinischen Facultät wird sich Alles ziemlich gleich seyn. In der letztern kömmt der Gradus an 300 rthlr. Man muß vorher ein Examen, wo blos Theorie, Anatomie, Physiologie ꝛc. gefragt wird, ausstehen: worauf man alsdann Medicinae Baccalaureus wird: Alsdann folgt das sogenannte, praktische, Examen rigorosum: darauf muß der Baccalaureus drey Tage hintereinander, jeden Tag eine Stunde (gemeiniglich 1—2 Uhr Nachm.) im medicinischen Hörsaale eine Vorlesung halten, wobey allemal ein Facultist gegenwärtig seyn muß: und endlich folgt die Disputatio inauguralis, die zu meiner Zeit gewöhnlich unter einem Präses gehalten, und für Geld gemacht wurde: nach Endigung der Disputation tritt der ad hunc actum constitutus Procancellarius auf den Catheder, hält eine Rede, und creirt den Baccalaureus zum Licentiatum Medicinae, wobey aber dieser den gewöhnlichen Eid schwören muß, den ihm einer von den Pedellen, der seinen rothen Mantel dazu umhängt, vorliest. Es versteht sich, daß der Procancellarius das Facultätsmäntelchen während des ganzen Actus um hat, und den Doctorhut in der Hand. Der Rector Magnificus ist bey der eigentlichen Handlung, fast immer von 11—12 Uhr, gegenwärtig, hat sein Mäntelchen um, und sitzt unter einem Thronhimmel. Ein oder zwey Pedellen stehn immer vor der Thür des Hörsaales, und gehn, wenn der Rector, oder ein Professor, oder Doctor kömmt, unmittelbar vor ihm auf, bis an seinen Sitz, machen ihm Platz, verneigen sich, und gehn ab. Gemeiniglich ist die Disputation den Freitag, und der ganze Actus dauert von 9—12 Uhr. Nach Endigung desselben ist dem Licentiaten erlaubt, sich Candidat zu nennen, bis er endlich sogleich den Sonntag darauf das Doctordiplom auf seinem Zimmer durch den Syndicus der Akademie bekömmt; welches ihm 1 Ducaten, und eine Bouteille guten Wein kostet. Die Disputation wird von einem der Opponenten, manchmal auch vom Respondenten zugleich, Jedem, der sich eine ausbittet, gratis gegeben. Nur zwey Ausnahmen kamen mir von dieser löblichen Gewohnheit vor. Einen Doctor oder Professor habe ich nie opponiren sehen; aber Baccalaureos genug. — Versteht sich aber, daß, wenn ein Doctor pro loco disputirt, die Facultisten opponiren.

Während meines Aufenthalts promovirte ein Grieche, Polychronius Demetrius, in Leipzig in Doctorem Medicinae. Das ist das erste Exempel bey einer fremden Religion. Inzwischen fand es vermuthlich der Decan, Dr. Platz, besser, das Geld mitzunehmen, als es der medicinischen Facultät in Halle zuzuweisen. Man vermuthete jedoch, daß dieser Grieche wohl habe müssen einen Revers von sich stellen, nicht im Lande zu bleiben. Ich fragte deswegen einmal den Doctor Bose: „Vielleicht wohl, antwortete er. Ich weiß es wirklich nicht." Avis au lecteur!

Die medicinischen Promotionen werden im philosophischen Hörsaale gehalten; wobey, falls ich nicht sehr irre, die Catheder und der Sitz des Rector Magnificus mit Tuch von der Farbe der Facultät überzogen sind. Die theologischen werden ebenfalls da gehalten.

Juristische Promotionen geschehen im neuen Petrino. Der Saal dazu ist ausserordentlich schön. Der Thüre gegen über ist der mit Geschmack angelegte Catheder, und diesem wieder gegen über, über der Thür, eine Gallerie, von der ich Frauenzimmer einer Promotion habe zusehen gesehen. Zu beyden Seiten des Catheders sind zwey große Gemählde, wovon ich auf das rechter Hand mich nicht mehr besinne. Linker Hand sind die Grade der Verwandschaft nach den Agnaten und Cognaten, (nebst dem Kopfe des Pedellen Patulicus oder Petruccius, wie der Kerl hieß, in der Mitte). Alles ist grünlicht in diesem Saale angemahlt, der ohnstreitig der schönste von der ganzen Universität ist, ob er gleich keine beträchtliche Größe hat. — In diesem Saale werden auch die Disputationen über Theses gehalten, die im Sächsischen ein Jeder, der Advokat werden will, halten muß. — „Wer in der juristischen Facultät will Baccalaureus werden, muß aus den Institutionen und dem Tit. Pandect. de verb. significatione wenigstens geschickt antworten können, die Ordnung der Titel im iure wohl wissen, und öffentlich über ein pensum über die Institutionen lesen.

Ein Licentiand und Doctorand hingegen muß den cursum ganz absolvirt, im Disputiren und Lesen sich geübt haben, sine Praeside disputiren, den Tit. de regulis iuris wohl inne haben, über zwey Leges Romanas und ein Capitulum iuris canonici lesen, und sich hernach examiniren lassen." Schaumburg l. c. p. 303. — Das Alles doch wohl nach den alten Statuten?

In beyden Facultäten, der juristischen und medicinischen, ist ein Unterschied unter Promotion mit der Anwartschaft der Reception in die Facultät, und ohne die Anwartschaft derselben. Der juristischen bewilligte 1724 der Churfürst, auf ihr Ansuchen, die Promotionen ohne diese Anwartschaft. In beyden Facultäten unterscheidet auch der Addreßcalender die Doctoren, die mit, und die, welche ohne Anwartschaftsrecht auf die Assessur in der Facultät promovirt haben, und in dem juristischen Hörsaale im neuen Petrino sind zwey Sitze, einer für die Dominos Facultistas, und der andre für die Dnos Doctores extra Facultatem. Wer also zur Assessur in der Facultät gelangen will, muß mit dem Anwartschaftsrechte auf dieselbe promovirt, und nach der Promotion auf dem Catheder durch eine Disputation pro loco sich habilitirt haben. Doch können auch Auswärtige sich eindisputiren.

Die Promotion in Magistrum kostet, denke ich, 40 thlr. Aber wer nicht habilitirter Magister ist, hat gar nichts vom Titel. Ein habilitirter Magister hingegen hat, in Leipzig selbst, große Vorzüge. Es kann keiner Professor werden, und um Collegiaturen ansuchen ꝛc., der nicht habilitirter Magister ist. Als Doctor Schwarz von Zeitz nach Leipzig an Thalemanns Stelle zur Professur gerufen war, mußte er vorher sich als Magister habilitiren. Auch hat ein solcher Magister den Rang über einen auswärts promovirten Doctor. Der Hofrath Bel saß in der Philosophischen Facultät sonst unter einem gewissen Magister Schumann, der ein schlechter Kerl gewesen seyn soll. Bel wollte gerne über ihm sitzen, gieng nach Jena, ward

Doctor, kam zurück, und wollte nun den Rang über jenem Magister haben. „Ey, ey, Herr Doctor," sagte dieser, „wir sind nicht Doctor noster!" — und Bel blieb, wo er vorher gesessen hatte.

Diejenigen nun, welche von der Philosophischen Facultät zu Leipzig die Magisterwürde erhalten haben, habilitiren sich und bekommen erst die Rechte eines Leipziger Magisters durch eine Disputation (pro loco) die sie Vormittags mit einem Respondenten auf dem philosophischen Catheder vertheidigen. Auswärtige Magister können sich gleichfalls so habilitiren; sie müssen aber Vormittags ohne, und Nachmittages mit einem Respondenten öffentlich disputiren.

„Wer in der philosophischen Facultät will Baccalaureus werden, muß der Lateinischen und Griechischen Sprache mächtig seyn, die Dialektik und Rhetorik verstehn, die principia Physices, Arithmeticae und Sphaerae wissen, ein Testimonium, daß er sich den Statutis academicis im Disputiren und Declamiren gemäß bezeigt habe, vorzeigen, und ein Examen ausstehen. Die Magistrandi hingegen werden allein von den Professoribus examinirt." — Schaumburg l. c. p. 303.

Und hier wird der Ort seyn, etwas im Allgemeinen von der Universität Leipzig, und dem Studiren daselbst, einzuschieben.

„Leipzig ist nicht allein viel stärker besetzt, als irgend eine andere protestantische Universität, sondern es ist auch gerade der Ruf der Annehmlichkeit, der die Wahl so vieler, die eine Universität beziehen wollen, für Leipzig entscheidet." Michaelis Räsonnem. über die prot. Univers.

Bey den Logis hat man in Leipzig einige Vorsicht nöthig. Man muß immer sich vor Wanzen hüten, welche Plage in Leipzig nicht selten ist. Den Preiß bestimmt theils das Zimmer selbst, und ob eine Kammer dabey ist; — theils die Lage desselben, ob es vorne heraus, und auf welche Gasse, oder hinten hinaus gehe; Zimmer am Markte, auf der Petersstraße, Grimmischen Gasse ꝛc. sind meistens theurer, als andre, die in die Nicolaistraße, den Brühl, das Goldhahngäßchen, auf den neuen Kirchhof ꝛc. gehen. In den Höfen sind die Zimmer sehr wohlfeil, aber es ist ungesunde Luft: es müsten denn Homanns, Küstners in der Petersstraße Haus, Stieglitzens, Kochs, ꝛc. Hof seyn, und in denen ist auch die Miethe theurer. Ferner kömmt es hier auf die Etage an: Zimmer in der ersten Etage sind theurer, als die in der dritten. Ich habe Bekannte gehabt, die fünf Treppen hoch wohnten. Parterre-Stuben giebt es in Leipzig zwar viele, aber doch nicht durchgängig. Und endlich ist sehr oft bey einem Zimmer die äuserst beschwerliche Bedingung, daß man in der Meßzeit sein Zimmer mit einer hoch- und abgelegnen elenden Kammer vertauschen muß. Freylich ist alsdann bey solcher Bedingung die Miethe wohlfeiler, als sie sonst seyn würde.

Wo in einem Hause Zimmer zu vermiethen sind, da hängt ein Zettel an der Thüre aus, mit folgenden, oder ähnlichen Worten: Allhier sind Studentenstuben zu vermiethen.

Man miethet Zimmer auf halb- oder vierteljährliche Losung. Die letztere ist doch wohl die bequemste: man kann alsdann bey jedem neuen Vierteljahre, nach sechs Wochen vorher geschehener Aufkündigung, ausziehen; da man hingegen im ersteren Falle ein Vierteljahr vorher aufkündigen muß.

In manchem Hause wird, noch ausser der Miethe, eine gewisse Summe des Vierteljahrs für Theewasser, Kohlen ꝛc. ausbedungen.

Meist durchgängig wird die Aufwartung in Leipzig durch Aufwärterinnen verrichtet: es müste denn seyn, daß eine ganze Etage aus lauter Studentenzimmern bestünde, in welchem Falle auch oft ein Kerl dazu gehalten wird. Man giebt diesem, oder der Aufwärterin, ein gewisses vierteljährliches Trinkgeld, das gewöhnlich in einem Gulden besteht. Klingeln habe ich in Leipzig nicht gesehen: man ruft, pfeift ꝛc., oder giebt ein anderes, eingeführtes Zeichen ꝛc.

In manchen Häusern, wo ein eigner Hausmann ist, der

das Haus öfnet und zuschließt, wie z. E. in Stieglitzens Hofe 2c. wird oft das Haus um zehne schon verschlossen, oder zu einer andern bestimmten Zeit: kömmt man alsdann später zu Hause, und klingelt (denn dazu ist eine Klingel an allen Häusern draussen an der Hausthüre) den Hausmann heraus, so kostet es 1 gr., den dieser bekömmt.

Fast durchgängig ist die Gewohnheit in Leipzig, daß man seine eignen Betten hat: wenigstens muß man sonst bey der Miethe des Zimmers allemal ein Bette besonders verdingen, welches gewöhnlich des Jahres 6 thlr. kostet, und doch oft schlecht ist. Wer aber seine eignen Betten hat, für den ist die obenerwähnte Vorsicht wegen der Wanzen sehr wichtig.

Es ist wahr, daß auf dem Paullino Zimmerchen zu 7 thlr. jährlich zu bekommen sind: aber sie sind elend und fast ohne Meubles: und sie gehn nicht auf den schönen, großen, vorderen Paullinerhof, sondern in einen kläglichen, ungesunden Hinterhof des Paullinums hinauf.

Die Inscription kostet in Leipzig 5 thlr. Nobiles bezahlen 6 thlr. Sie besteht aus zwey Blättern in Octavformat, wovon das erste die eigentliche Inscription ist, und ohngefähr diese Worte hat: — „Albo Philureae nostrae insertus, inque numerum discentium relatus est N. N." — das zweyte aber sich anfängt: „Ego N. promitto" etc. und schließt: „— Academiae Lipsiensi se obstrixit, numeroque civium adscriptus est N. N." — Manchem giebt der Rector, wenn er will, das erste Stück der Inscription noch lange vorher, ehe sie auf die Academie wirklich kommen. So erhielt ich es z. E. schon 1768, als ich zehn Jahr alt war. Das zweyte Stück hingegen bekömmt einer nur erst, wenn er auf die Academie kömmt, und bezahlt davor (wenn er das erste Stück entweder umsonst, oder vor Geld, schon hat) noch 2 thlr. nach. Diese Inscription ist in Leipzig nur mit einem Handschlage verbunden, durch den man verspricht: 1) daß man dem Rector, und seinen Nachfolgern gehorsam seyn, und das Beste der Academie befördern wolle, so viel man könne. 2) Daß man den Academischen Statuten gemäß leben, 3) den Pennalismus, Nationalismus, und andre conventicula, nicht unterstützen, oder wieder aufachen, vielmehr ausrotten helfen, und vestitu honesto einhergehn wolle. 4) Daß man sich wegen Beleidigungen nicht selbst räche, 5) aus einem angekündigten Arreste nicht davon gehen, und 6) wenn man relegirt oder excludirt werde, über die gesetzte Zeit nicht an dem Orte bleiben wolle. — Hierauf erhält man die Inscriptionszettel, und die Statuta, nebst einem Auszuge der neuesten Duell-Edicte. — Der Rector kann von den 5 thlrn. für die Inscription dem ärmern Studenten viel schenken, wenn er will. Ich weiß einen Fall, wo von zwey jungen Leuten, die zugleich von eben derselben Schule nach Leipzig kamen, der eine die Inscription, trotz seinem Bitten, nur bis auf 2 thlr. geschenkt bekam, und der andre, fast ohne vieles Bitten, statt jener 5 thlr. nur ein halben Laubthaler zahlte (18 gr. 6 pf.). Er war nicht ärmer, wie der erste, aber er hatte der Cousine des zeitigen Rector Magnificus ein Hirschzimmer mitgebracht. — Der Rector bekömmt (wie mich der Professor Franke versichern wollte) von dem Inscriptionsgelde, wenn die 5 thlr. voll bezahlt werden, nicht mehr, als 10 gr. 8 pf.; oft, wenn der Student weniger bezahlt, nur 5 gr., oft 2 gr., oft gar nichts.

Von den Speisewirthen wird unten etwas vorkommen. Hier nur etwas von Freytischen. Das Convict ist im Paullino, ein geräumiges Zimmer, das zu beyden Seiten viele Tische hat, die nach ihrer Nummer unterschieden werden. Ich entsinne mich nicht mehr genau, wie viel man wöchentlich zuschießt an Gelde, aber das weiß ich, daß es eine sehr große Kleinigkeit ist. Noch wohlfeiler hat es der, welcher an einen Familientisch im Convict kommen kann. — Auch gab zu meiner Zeit der Vicepräsident von Hohenthal ärmeren Studenten einen Freytisch, an den Viele gingen. Er war bey dem Traiteur Kien auf der Grimmischen Gasse. Die Aufsicht hatte der damalige Inspector des Intelligenzcomtoirs, (jetzige Sloßverwalter) Deutrich. Es war blos ein Mittagstisch, und das Essen nicht prächtig, aber doch sehr reichlich. Fleisch kam zwey- oder dreymal die Woche. Es waren natürlicher Weise eigne Gesetze bey diesem Tische; von denen ich mich auf etliche besinne. So muste z. E. wer den Tisch antrat, ein vitae curriculum ꝛc. eingeben: und wer ihn nun hatte, alle halbe Jahre wieder darum ansuchen, und eine Stunde Nachgeschriebnes aus seinen Collegiis eingeben, und dabey sagen, was seine Lieblingswissenschaft sey ꝛc. Es durfte keiner vom Tische wegbleiben, ohne es dem Tischinspector vorher zu melden; wer dies versäumte, und drey Tage wegblieb, dem wurde der Tisch genommen ꝛc.

Der Abendtisch im Convicte ist elend. Manche gehen daher Abends gar nicht hin, sondern überlassen ihren Platz gegen 2 gr. die Woche einem, der das Convict nicht hat.

Alle halbe Jahre kommen zwey Lections-Verzeichnisse, beyde in 8°, heraus, wovon jedes gewöhnlich 1 gr. kostet. Das eine ist lateinisch, nach Ordnung der Professoren: das andre deutsch, nach den Wissenschaften, und in diesem letztern werden auch die Lectionen der Sprachmeister, und andrer Exercicen-Meister angezeigt, nebst den Stunden, in denen die Bibliotheken geöffnet werden.

Wer ein Collegium hören will, geht gerade zu hinein, und schreibt seinen Namen auf einen dazu bestimmten Bogen, den ihm der Famulus präsentirt. Bis zur dritten Stunde kann er, ohne sich aufgeschrieben zu haben, hineingehen: alsdann aber muß er sich entweder unterschreiben, oder wegbleiben. Das Honorarium steht entweder oben, gleich zu Anfange des Bogens, bestimmt, oder man erfährt es vom Famulus, wenn man sonst keine Gelegenheit oder Bekannte hat. Der Famulus fordert auch das Honorarium ein: wenn man es anders nicht, aus andern Ursachen, dem Professor selbst geben will; doch nimmt das letztere mancher Professor sehr übel, wie z. E. Platner. — Bey vielen Professoren und Collegien kann man im Honorario einigen Ablaß bekommen, daß man z. E. statt 7 thlr. nur 4 thlr., statt 3 thlr. nur 2 thlr. ꝛc. giebt. Einige Lehrer sind facil in dem Stücke, wie Seydlitz, Funke, Bosseck, ꝛc. Einige lassen nichts ab, wie Platner ꝛc. Andere sind äuserst difficil, wie Sammet, Wenk ꝛc. Es versteht sich aber, daß man gleich zu Anfange der Collegien den Professor um einige Erlassung ansprechen, und das übrige Honorarium pränumeriren muß. Doch sehn auch viele Lehrer wohl ein Vierteljahr nach: denn sie können sich gewöhnlich auf die Aufmerksamkeit ihres Famulus verlassen. Einmal weiß ich auch, daß ein Professor, der bald Hochzeit halten wollte, seinen Famulus schickte, und unter der Hand zu verstehen geben ließ, daß diejenigen Herren, die jetzt pränumeriren wollten, den Herrn Doctor billig finden würden. Der Doctor Platz in Leipzig nimmt kein Collegium bezahlt. Er sagt, der Student kann kein Collegium bezahlen. — Diese Gewohnheit scheint Fremden, die z. E. von Göttingen nach Leipzig kommen, lächerlich. Aber sie hat in der That Vortheile. Wer es lächerlich findet, braucht ja keinen Erlaß.

Die Auditoria und Compendien der Professoren sind am schwarzen Brete bestimmt. Die letztern kann man meistens wohlfeiler, als neu, und gebunden von Antiquariis kaufen, deren es genug giebt. Die Gemeinen dieser Antiquarien haben hin und wieder ihren Tisch mit Büchern auf offner Gasse: die Mitleren waren z. E. zu meiner Zeit Trotz im rothen Collegio, und ein andrer im schwarzen Brete. Die Honoratiores aber der Antiquarien waren Keck, Löwe, beyde am neuen Neu=Markte, und Thiermann im Hansischen Hause auf der Catharinen=Straße. Der letztere hatte sehr gute Bücher, denn seine Fächer waren besonders alte Autoren und Jurisprudenz, und vorzüglich die elegante. Er kaufte aus allen Auctionen, auch aus den auswärtigen. Im Addreßkalender steht er nicht, weil er nicht Bürger ist, und bey seinem Handel nicht laut seyn darf: daher er auch kein Gewölbe hat, wie Keck und Löwe.

In den Hörsälen, wenigstens in vielen, kann man entweder

einen Platz auf einer Bank, oder einen Stuhl vor einem Tische wählen. Ist das letztere, so sagt man es dem Samulus, der alsdann an die Lehne des Stuhles den Namen des Studenten und die Stunde des Collegiums schreibt. Dafür giebt man ihm 16 gr. sogenanntes Stuhlgeld. In einigen Collegien, die Abends bey Licht gelesen werden, bekömmt der Samulus noch außerdem eine Kleinigkeit, etwa 4 gr., sogenanntes Lichtgeld. Im Winterhalbjahre bekömmt der Samulus 8 gr. Holzgeld für Einheitzen. Bey medicinischen Collegien aber habe ich diese Accidentien für den Samulus nicht gefunden, wenigstens ist mir nichts dergleichen abgefordert. Aus allem diesem sieht man leicht, daß ein Samulus sich dort ganz gut stehn muß, zumal bey einem Theologen, Juristen und Philosophen. Ueberdies ist ein Samulus in Leipzig gar nicht so verächtlich, wie er in Jena seyn mag. Auch wenn ein Zuhörer gerne ein Testimonium vom Professor haben will, und es dem Samulus sagt, so bekömmt dieser wieder davor 8 gr.

Die Professoren dürfen ohne Vorwissen des Landesherrn nicht verreisen, falls nicht Ferien sind. Diese sind so bestimmt, daß sie vom Sonntage vor, bis zum Sonntage nach Weinachten, von Palmarum bis Quasimodogeniti, von Pfingsttag bis Trinitatis dauern, und zugleich auf jede Leipziger Messe (deren 3 sind. S. unten) 14 Tage frey seyn, diejenigen Professoren aber, welche Assessores bey dem Hofgerichte, während des Hofgerichtes, und der Rector, während des Rectorats, vom Lesen frey seyn sollen. S. Schaumburg l. cit. p. 297.

Durch den Sitz der Buchhandlung gewinnt ohnstreitig Leipzig ausserordentlich.

Ich getraue mich nicht, den Einwurf zu heben, den man Leipzig macht „es habe keinen Vortheil an Holz".

Die Gelehrten sind in Leipzig keinesweges von Abgaben frey. Sie müssen für jedes kleine Nebenämtchen besonders Personen-Steuer geben; und ein Titul. Hofrath bezahlt für seinen Titel allein jährlich 30 thlr.

Für Theologen ist wohl in Leipzig jetzt so viel nicht. Ernesti liest nicht mehr: Burscher soll großentheils Harlekinaden machen. Was man von Schwarz hält, weiß ich nicht zuverläßig; Körner wäre, nächst diesem, der einzige. Dazu etwa der a. o. Prof. Bosseck. — Für Juristen und Mediciner aber hat Leipzig sehr gute Lehrer. Man darf unter den erstern nur an die Namen Hommel, Zoller, Seger, Püttmann, Schott, Einert, Sammet, Breuning ꝛc. denken. Die Mediciner müste ich alle nennen, soviel ihrer zu meiner Zeit waren, Platz, Pohl, Bose, Gehler, Ridiger, Krause, Platner, den jüngeren Pohl, Haase, Doctor Leonhardi, und Dr. Reichel; Dr. Gallisch und der jüngere Dr. Ludwig, beide ein paar angehende Lehrer.

Des alten ehrwürdigen Ernesti's Geitz ist bekannt. Er geht so weit, daß er, ohngeachtet er vor Schwachheit und Alter sich überall muste hinführen lassen, und er sehr reich ist, doch sich keine Equipage anschaffen wollte; bis seine Freunde es von seinem Gelde thaten, und ihn anfangs glauben ließen, sie selbst hielten sie ihm. Sein Bruder ist ein reicher Kaufmann in Leipzig. Seine Tochter soll Latein verstehen, aber am Griechischen wollte man zweifeln. Sie ist also nicht die große, und überdies pedantische, Gelehrte, wofür man sie zum Theil auswärts hält. Sie ist sehr elend, und krankt an der Wassersucht, so, daß sie, so lange ich in Leipzig war, alle vier Wochen sterben sollte. — Burscher ist, nach allen authentischen Beschreibungen, ein Harlekin auf dem Catheder. Er liest wenigstens anderthalb Jahr über die philosophische Geschichte, die er wöchentlich zweimal publice vorträgt. In dies Collegium, und in seine Reformationsgeschichte gehn Viele, wie ich zuverläßig weiß, blos um zu lachen. Die erstere liest er im philosophischen auditorio. Die Viertelstunde vorher, ehe er kam, lief eine erstaunende Menge in das Auditorium, blos um zu pochen und zu lärmen. Und sobald er hineintrat, liefen oft wohl an fünfzig wieder heraus. „Man giebt", sagte er einmal in der Reformationsgeschichte, „die Niedersachsen gewohnlich für sehr ehrliche Leute aus. Es sind aber auch viele Dumme darunter." ꝛc. So schöne Folgeschlüsse machte ein Doctor Theologiae! — Dathe stottert, welches freilich zu einem Lehrer der orientalischen Sprachen nicht gut passet. Einige konnten ihm das Wort Nebucadnezar schön nachsprechen.

Hommel ist nicht groß, und geht etwas schief. Sein Character ist bekannt. Er soll sehr schöne mathematische Instrumente haben. — Zoller und Seger sitzen beyde tief in Schulden, und der letzte großentheils aus Liebe zu seinen Geschwistern. Er wird seines guten Herzens wegen gerühmt. Nur soll er in seinen Collegien sehr unordentlich seyn, und oft um drey Viertel erst anfangen, und bis halb in die folgende Stunde hineinlesen. Zoller ist ein wackrer Mann von Ansehen, und hat ein offenes, aber sehr satyrisches, Gesicht. Er spottet oft sehr fein, wenn er bey Disputationen präsidirt. — Breuning soll, wie Dr. Sammet, ausserordentlich schweinigeln, und der letzte oft, wenigstens sonst, Religionsspöttereien vorgebracht haben. Sammet nennen Viele das Verderben junger Leute. Er ist ein äuserst unansehnlicher Mann: der im grünen Schlafrocke und dem rothsammtnen Mützchen da sitzt, und nicht vom Buche aufsieht, und alle seine Späße eben so trocken vorbringt, als die historiam iuris. Er belehrt oft im Collegio, ohne die Worte irgends zu wiegen, den Churfürsten eines Bessern.

Böhme soll einen ausserordentlichen Stolz haben, den er aber, als ein sehr feiner Hofmann, geschickt zu verbergen weiß. Mir hat er ihn nie gezeigt, sondern viele Gewogenheiten für mich gehabt. — Seydlitz ist ein überaus höflicher, fast zu höflicher, guter Mann. Es ist gut, daß er da ist. Die Anfänger hören mit Vortheil bey ihm die Philosophie zuerst, ehe sie zu Platnern gehen; denn wer noch keine Philosophie gehört hat, und hört sie gleich bey Platnern, der lernt nie welche. Selbst mancher Geübtere versteht diesen oft nicht. Er hat zu viel Genie, um sich an systematische Compendienfolge der Gedanken zu binden. Eben so soll er in seinen medicinischen Vorlesungen seyn; aber doch läuft Theologe und Orientalist mit Haufen hinzu, wenn er über einige streitige Sätze der Physiologie 3. E. lieset, und schreibt hitzig nach, was er nicht versteht, weil es ein publicum ist. In diesem letztern Collegio, das er im auditorio Medico las, wurde, wie bey Burschern, jeder in die Thür tretende mit Pochen, Pfeiffen, Lärmen ꝛc. bewillkommt. „Ach! seyn sie ganz ruhig, meine Herrn,‟ sagte einmal in völliger Gelassenheit ein junger reisender Edelmann, den sie auch auspochten, „wenn sie erst auf so vielen Akademien gewesen sind, als ich, so wird Ihnen das Pochen schon vergehen.‟ Und Alles war stille. Ein andermal traf das nemliche Schicksal einen Jenenser. „Ihr Hundsfötter!‟ bölkte dieser mit seiner Baßstimme. Sie fiengen noch lauter an zu pochen. „Je, wollt ihr denn was, ihr Hundsfötter, so komm er einer heraus!‟ schrie dieser noch lauter, so daß Alles schwieg. — Der jüngere Ernesti soll in seinen Collegien keinen großen Beifall haben. Einen alten Schriftsteller explicirt er seinen Zuhörern vor. — Junke ist im Vortrage ausserordentlich furchtsam. — Clodius rappelt oft, wie man ihm Schuld giebt. Er soll ganz im Exceß den Wein lieben. Als seine jetzige Frau noch seine Braut war, soll er zuweilen im Collegio närrisches Zeug gemacht haben. Unter andern hörte er einmal um drey Viertel mit folgenden Worten auf: „Ich muß hier für heute schliessen, meine Herren. Meine göttliche Juliane ruft mich. Leben Sie wohl!‟ Wer heute bey ihm gewesen ist, den kennt er morgen nicht mehr, und hat es vergessen, wenn er ihm gestern etwas versprochen hat. Das haben mir viele Proben an Andern bewiesen. Dabey kann man ihm einen gewissen Stolz wohl nicht absprechen. — Morus ist ein, nach allen Zeugnissen, ausserordentlich braver Mann; stille, bescheiden, simple im ganzen Betragen und Aeuserlichen. Die Gellerten gekannt hatten, sagten mir, Morus habe fast Alles im Aeuserlichen an sich, was jener gehabt habe, so gar, daß

er, wie Gellert, den Kopf etwas auf die linke Seite hängen
liesse. Er hat viele Zuhörer. Sein Vortrag ist bündig und
ausgesucht. Er spricht langsam und leise; so, daß wer ihn
zum erstenmale hört, ihn nicht sogleich versteht. Er redet
schönes Latein, auch bey Erklärung eines griechischen Schrift:
stellers. — Leske ist ein kleiner, schiefer Mann, der fast im:
mer mit dem Degen läuft, und nicht schön aussteht.

Die Anatomie liest Bose publice im Winter von 10 bis
11 Uhr, über Cadaver. So wohlfeil ist sie wohl nirgends
anders. Sein lateinischer Vortrag ist schön, und fliessend, und
er trägt Alles überaus deutlich vor. Es ist nur Schade, daß
er theils soviel zu thun hat, theils wohl etwas nachlässig ist:
er kömmt oft erst um drey=Viertel. Den letzten Winter wurde
er blos mit der Splanchnologie und Angiologie fertig. Er
liest auf dem anatomischen Theater, welches im Paullino eine
Treppe hoch ist.*) Es ist schön, geräumig und helle, und be:
steht aus einem Vorsaale, dem eigentlichen Theater, einer Stube
zum Einheitzen, und zwey Nebenkämmerchen. Es befinden
sich schöne Präparate oben, vorzüglich trockne zur Osteologie,
Angiologie und Neurologie. Die Cadaver kommen aus dem
Lazarethe. Demohngeachtet fehlt es daran: den letzten Winter
kamen ihrer nur drey, wenn ich ein Kind mitrechne. Dies
soll aber seine guten Ursachen haben, wenn es wahr ist, daß er
für jedes Cadaver die gewöhnlichen 7 thlr. Leichenkosten (als den
geringsten Preiß derselben) bezahlen muß. Der Leipziger Geist:
lichkeit steht es zwar ähnlich genug. — — Wer an einem Cadaver
präpariren will, meldet sich dazu, und wählt sich den Kopf,
oder eine Extremität. Dies kostet auf 5 thlr. jedesmal, wo:

---

*) Wenn man vom alten Neumarkte durch den Thorweg neben
Crusius Buchladen in den Paullinerhof gehet; 51 so sieht man es ganz
hinten sich gerade gegen über, mit der Ueberschrift: Theatrum anatomicum. Der Eingang aber ist nicht an dieser Stelle selbst, sondern im
ordentlichen Gange des Paullinums. Sonderbar ist es doch, daß die
eigentliche Face dieses Theaters so ganz im Winkel steht, ohne Thür,
so daß ein Fremder denken muß, es sey unzugänglich.

von der Professor Anatomiae 3 thlr., der Prosector 1 thlr. 8 gr. und der Samulus des Professors 16 gr. oder 8 gr. bekömmt; je nach dem man von dem letztern blos den anatomischen Habit, oder auch noch Messer und Pincette dazu geborgt hat. Der Prosector ist gemeiniglich immer oben, und dirigirt, oft kömmt auch der Professor selbst und sieht zu, oder examinirt ein wenig. Es ist sehr lustig oben, denn es fällt mancher Spaß vor, und man raucht, und läßt sich seinen Coffee hinaufbringen, oder bestellt ihn bey dem Aufwärter des Paullinums.

Doctor Haase war Prosector zu meiner Zeit, und im Umgange ein lustiger, gefälliger Mann. Er ist ein Schüler von Janken, und hat sehr große anatomische Einsichten. Er liest, mit Erlaubnis des Doctor Bose, auf dem anatomischen Theater seine Collegia über die nemlichen Cadaver. Aber es fehlt ihm an Genie (nicht an Fleiß und Geduld), und sein Vortrag geht zwar, in manchmal nicht prosodiemässigem Latein, ganz fliessend, aber es ist doch beständig, als ob er es nicht von sich geben könne, so, daß er oft selbst confus wird. Die Physiologie habe ich nicht bey ihm ausdauren können. Die Leipziger tadeln an ihm, daß er sich nicht Doctormässig in Kleidungen hält. Er stand in Jena, nach Neubauers Tode, mit auf der Wahl.

Platz und Bose sprechen sehr gutes Latein. — Der alte Doctor Pohl liest zwar noch, aber er ist zu alt dazu, und hat fast gar keine Zuhörer. Er ist sonst ein braver, rechtschaffener Greis. Der jüngere Doctor Pohl ist ein sehr geschickter Botanicus. Er liest auch die Anatomie gut, aber nur über trockne Präparate. In der Materia medica, nach dem Linné, und dem Accouchement wird er gerühmt. — Gehler ist zu nachlässig und hat zu viel zu thun. — Von Platnern ist schon oben geredet. — Krause, vorzüglich in der Chirurgie geschickt, ist fast der Einzige, der die Pathologie (nach Boerhaavii Aphor.) gut liest. — Doctor Leonhardi, ein geschickter Mann, liest vorzüglich Physiologie, Chymie, nebst

andern Wissenschaften; sehr gut: nur ist sein Vortrag etwas
zu furchtsam. — Ridiger soll Chymie gut lesen. Als Prac-
ticus scheuen sich viele vor ihm. Er besteht sehr auf seinem
Kopf, und fährt überall mit Gewalt durch.

Der Praktische Theil der Arzneiwissenschaft soll überhaupt
vorzüglicher in Leipzig bestellt seyn, als der Theoretische. —
Die berühmtesten practicirenden Aerzte zu meiner Zeit waren
D. Kapp, D. Börner, D. Kabelbach, beide D. Pohl, D. Rei-
chel, D. Heine, D. Hebenstreit, D. Brückner ꝛc., D. und Prof.
Ridiger ꝛc.

Die Botanik liest der jüngere Doctor Pohl, 4 Tage, von
7—8 Uhr, im botanischen Garten selbst. Montags und Freitags Abends von 5 bis 6 Uhr werden einige seltene oder exo-
tische Pflanzen ausgetheilt, und Mittwochs und Sonnabends
früh von 6—8 Uhr geht der Professor mit seinen Zuhörern
botanisiren. — Der botanische Garten (S. die Grundrisse) ist nicht groß, aber er gewinnt unter Aufsicht des Doctor
Pohls immer mehr an der Einrichtung, und der Menge der
Kräuter. Er hat ein kleines Gewächshaus, und weiter hinten
hin ein Zimmer, welches das auditorium ist, und wo der
Professor in einem Schranke eine kleine Bibliotheck verwahrt.
Der Garten ist auf der Grimmischen Gasse am Paullino, und
hat über der Thür die Worte: Hortus Medicus. — Der ehemalige Ludwigische Garten ist jetzt an einen Handwerksmann,
wo ich nicht irre, verkauft. Der Doctor Pohl hat die besten
Sachen daraus in den Botanischen Garten gebracht.

---

Von den Bibliothecken, der Raths- und der Universitäts-
bibliotheck, bekömmt man keine Bücher ins Haus: und wäre es
ja einmal, nicht anders als gegen Unterschrift eines Professors
und des Bibliothekars.

Die Universitäts- oder Paulliner-bibliotheck
ist im Paullino. Man geht durch den allgemeinen Gang des
Paullinums, (durch den man auch in das Convict, und das

Concilium ꝛc. geht) die Treppe linker Hand hinauf, und sieht alsdann gerade vor sich einige Stufen, die zu dieser Bibliotheck führten,⁵² und schräg gegen über, etwas rechter Hand, die Thüre zum anatomischen Theater, wieder mit der Ueberschrift: Theatrum anatomicum.

Von dieser Bibliotheck und ihrer Geschichte S. Jugleri Bibl. litterar. T. I. p. 513—519.

Bibliothekar war zu meiner Zeit der Hofrath Bel, und Custodes die Professoren Schwabe und Klausing.

Sie wird Mittwochs und Sonnabends Vormittags von 10 bis 12 Uhr geöfnet. Aber die Custodes waren zu meiner Zeit so nachlässig, daß man sie selten vor drey Viertel auf Elf Uhr auf fand. [Seit 1784 wird sie auch, welches sonst nicht geschah, zur Meßzeit an den erwähnten Tagen und Stunden geöffnet. Als 1780 den 30 Jul. der Hofrath Böhme in Leipzig starb, so vermachte er seine schöne, zahlreiche Bibliotheck an die Universität (Siehe die gel. Zeit.); und ernannte (sagt man mir) den Prof. Morus zum Bibliothekar darüber.]

Diese Bibliotheck ist vorzüglich an alten Werken reich, ob sie gleich jetzt auch an Neuem Zuwachs zu erhalten scheint. So haben sie z. E. das Kennikottische Bibelwerk, die Originalausgabe der herkulanischen Alterthümer ꝛc. oben. Meusel giebt diese Bibliotheck zu 15000 Bänden an.

Das medicinische Fach ist auf dieser Bibliotheck nicht groß, und nichts weniger, als ausgesucht; aber doch weit besser bestellt, als auf der Rathsbibliotheck, wo sie zu meiner Zeit kein einziges Werk von B. Siegfried Albinus, und nicht einmal Hallers Icones anatomicas ꝛc. hatten.

Die Bibliotheck besteht aus zwey Sälen; dem ersten, der eigentlichen Bibliotheck, in den man gleich bey der Entree tritt; und hinter diesem aus dem zweiten geräumigeren, welches das Zimmer zum Schreiben und Lesen ist. — Die Decke beider Zimmer ist noch altmodisch gewölbt, und mit Laubwerk bemalt.

## Die Universitäts-Bibliotheck.

Wenn man sich ein Buch geben läßt, so schreibt man sich zu dem Ende in ein großes Buch ein, das zu dem Ende in einem Fenster des ersten Zimmers liegt. Jedoch wird hier nicht so strenge, als auf der Rathsbibliotheck, darüber gehalten; so daß man es meistentheils wohl nicht thut.

Vom ersten Zimmer. Die Bibliotheck ist, nach Art der Buderischen in Jena, in Cabinette, die nach den Fächern eingerichtet sind, getheilt, welche verschlossen werden, jedoch so, daß man durch die hölzernen Stäbe hineinsehen kann. Sobald man in die Thür tritt, und an der rechten Seite fortgeht, zählt man elf solcher Cabinette voll Libris impressis und Mstis Theologicis und Philosophicis. Ueber jedem Cabinette steht nämlich so das Fach angezeigt. An der linken Seite, von der Entree an bis dem 6ten Cabinette rechter Hand gegen über, stehn (sechs) einzelne kleine Schränke; und nach diesen folgen alsdann drey solcher Cabinette wieder, wovon das eine die Libros Juridicos impres. & Msst. das andre Libros Jurid. impres. und das dritte Libros Medicos impresos & Mstos enthält.

Ueber der Thür dieses Zimmers, die von aussen hereinführt, steht inwendig folgende Inschrift:

Intra, & Lipsiaci perquire sacraria Pindi,
u. s. w.

Und gleich, wenn man hereintritt, im ersten Cabinette libror. theolog., rechter Hand, findet man an der Wand, wo man sie nicht suchet, folgende Inscription:

Academia loquitur.
Quod libris, pagisque, et Pauli his aedibus amplis,
   Quod silva atque aliis fructibus aucta fui,
   Hoc, Boernere, tuis aeternum debeo curis;
     At tibi quae referent secla, Beate, parem.

Caspar Boerner verschaffte der neuen Universität Leipzig sehr viele großen Vortheile, unter andern das Paullinergebäude, die drey alten Dörfer, und die Paullinerbibliotheck. S. Schneiders Chronicon Lipsiense, und Jugleri Bibl. litter. T. I. p. 513. —

Gerade der Thür gegenüber, wenn man hereintritt, fällt einem hinten in der Ecke die Figur eines sitzenden Mönches in Lebensgröße in die Augen, die von Holz sehr natürlich gearbeitet ist.

Auch verwahren sie hier auf diesem Zimmer eine, höchstens Armlänge hohe Copie des Püstrich.

Ueber den Cabinetten rechter Hand, bis zum achten, sieht man Gemälde von Leipziger Lehrern der Theologie, Philosophie, und ebraischen Sprache. Es fällt vorzüglich darunter des seel. Crusius Bild in die Augen, welches von Graf gemahlt ist. Was man hier zuerst zu erblicken glauben würde, Ernesti's Bild, ist nicht da; sein Geitz hat ihm nicht erlaubt, sein Bild, noch eins seiner Werke, auf diese Bibliotheck zu schenken: ohngeachtet er bey einer seiner Ausgaben (wenn ich nicht irre, bey der des Cicero) ein Mst. von ihr gebraucht hat. —

Vom achten bis zu Ende der Cabinetter rechter Hand sind folgende Gemälde:

D. Jo. Burkh. Menke, Historiar. P. P.
Joach. Camerarius, utriusque linguae P. P.
L. Phil. Müller, Mathem. P. P.
D. Jo. Ittigius, Physic. P. P.
M. Jac. Thomasius, Eloq. P. P.
Andr. Corvinus, Iur. Utr. Lic. & Eloq. P. P.
M. Frid. Leibnitz, Moral. P. P. (Der Vater des berühmten Leibnitz.)
Gottfr. Slüter, Org. Arist. P. P.
Gottl. Fr. Jenichen, Polit. & Moral. P. P. O. & Acad. Decemvir.
L Ant. Günther Heshusius, Org. Arist. P. P.
M. Jo. Kühn, Mathem. P. P.
Chr. Fr. Frankenstein, LL. & Histor. P. P.
Valentinus Alberti. S. Theol. D. & P. P.
D. Joach. Feller, P. P. P. & Bibliothecarius.
L. Otto Menkenius, Moral. P. P.
Chph. Pfautz, Mathem. P. P.

Die Univerfitäts-Bibliotheck. 65

Jo. Chph. Gottsched, Metaphys. P. P. O. nat. 11 Febr. 1700. den. 12 Dec. 1766. gemahlt aetat. 46.
L. Jo. Schmid, Eloq. P. P.
Fr. Menz, Phyfic. P. P.
Aug. Fr. Müller, Philos. & I. U. Dr. Org. Ariftot. P. P.
D. Chrifti. Gottl. Jöcher, Hiftoriar. Prof.
Jo. Frid. Sebaft. F. Jul. N. Chriftius, Prof. Ar. Publ.
Jo. Frid. Maius, Moral. & Polit. P. P.
Godofr. Heinsius, Mathem. P. P. O.

Linker Hand von der Entree bis zu Ende der (sechs) Bücher=
schränke, sind folgende Gemählde:

Jo. Godofr. Bauer, ICtus, 1755.
Car. Wilh. Gärtner, ICt. 1744.
D. Gottfr. Leonh. Baudiss, n. 4 Aug. 1683. † 8 Febr. 1738.
D. Jo. Chph. Schacher, P. P.
D. Barth. Gölnitz, P. P. & Acad. Synd.
Bened. Carpzov, ICtus, & Fac. Iur. Ord.
Quirinus Schacher, I. U. Dr. & P. P.
Ge. Tob. Swendendörfer, ICt. & Fac. Iur. Ord.
Henr. Volckmar, I. U. D. & P. P.
Jo. Born, ICt. & Antecefsor.

Auf eben dieser Seite über den drey Cabinettern juristischer
und medicinischer Bücher, sind diese Gemälde:

Mich. Henr. Gribner, ICt. & Ordinar. Lipf.
Barth. Leonh. Schwendendörfer, ICt. & Antecefsor.
Paul. Franc. Romanus, I. U. D. & P. P.
D. Aug. Bened. Carpzov, 1703.
Frid. Geisler, Philos. & I. U. & P. P.
Gottfr. Nic. Ittig, Philos. & I. U. D. & P. P.
Luderus Menke, ICtus & Ordinarius Lipfienfis.
D. Ferdin. Aug. Hommel, P. P. Fac. Iur. Lipf. Afsefsor.
D. Aug. Quir. Rivinus, P. P. & Fac. Med. Decanus.
D. Jo. Zeidler, P. P. & Fac. Med. Decanus.
D. Jo. Michaelis, P. P. & Fac. Med. Decanus.
D. Gottfr. Welfch, P. P. & Fac. Med. Decan.
D. Jo. Bohn, Chirurg. & Anat. P. P.
D. Andr. Rivinus, Phyfiol. & Poes. P. P.
Chrifti. Lange, Med. D. & P. P.
Mich. Ettmüller, Ph. & Med. D. & Botan. P. P.

Leipzig vor 100 Jahren.

D. Polyc. Gottl. Schacher, P. P. & Fac. Med. Decan.
D. Aug. Fr. Walther, Consil. Aulic. & Fac. Med. Decan.
D. Jo. Zach. Platner, P. P. Fac. Med. Decanus.
D. Sam. Theod. Quelmalz, Pathol. P. P. Acad. Decemvir etc.
D. Chſti. Gottlieb Ludwig, Ordinis Medici Decanus. Von Graf gemalt.
D. Juſtus Godofr. Günz, Conſil. aul. Archiat. reg. Anat. & Chirurg. P. P. O.
Anton Guil. Plaz, Physiol. P. P. O.
D. Jo. Chph. Pohl, P. P. Anat. & Chirurg. Ord.

Nun iſt man an dem zweyten Zimmer. Ehe man noch hineingeht, ſieht man auſſen über der Thüre folgende Inſcription:

A. C. N. CIƆIƆCCXXXXIIII.
Acceſsibus principum Sacrum
Regiorum ac Sereniſsimorum
Domini Chriſtiani Friderici,
Electoratus Saxonici Haeredis,
Domini Xaverii Augusti,
Principum inventutis.
Cum recitationibus Profeſsorum audiendis
Benigniſsime interfuiſsent
Fores Musei sui
Pro dignitate tantorum hospitum
Altius aperuit
Academia Lipſiensis
Rectore
Auguſto Friderico Müllero,
Jur. D. Org. Ariſt. Pr. P.
Bibliothecis praefecto
Chriſtiano Gottlieb Joechero,
Theol. D. Hiſtoriar. P. P.

In dieſem Zimmer ſtehn, auſſer den Schränken an den Wänden, und mitten im Saale, in denen Manuſcripte verwahrt werden, ſowohl in der Mitte, als auch in den Fenſtern, Tiſche zum Schreiben und Studiren.

Wenn man hereintritt, linker Hand, ist eine kleine Abtheilung mit einem hölzernen Gatter, das verschlossen ist, und wo eine vollständige Synagoge der Juden aufbewahrt wird. Die Gesetztafeln, nebst den andern Pergamentrollen, und was sonst dazu gehört, sind wirklich gebraucht worden, ehe sie auf diese Bibliotheck kamen. Die gedruckte Beschreibung wird zugleich vorgezeigt. Auch ist eine Figur von Holz in diesem Cabinetchen, angezogen wie ein Jüdischer Rabbi, stehend, mit dem Buche in der Hand.

In diesem Zimmer hängen einige Landkarten, und viele andre Gemälde, von Churfürsten, (in Lebensgröße) und andern Männern. Die merkwürdigsten davon sind folgende:

An der Wand der Entree, wenn man hineintritt, linker Hand:

Polycarp. Lyserus, Theol. D. Mor. Dresdae, A. 1610. d. 22 Febr. aet. 50.

Janusius Radziwil, Herzog zu Birze und Dubinku, Fürst des h. R. R. Rector Academiae Lipsiensis A. 1629. aetatis suae 17.

Hugo Grotius, Orator, Poeta, Philologus, ICtus, Theologus — — — — obiit Rostochii, Ao. — —

Hinter diesem Fridericus II. Placidus, Elector Saxoniae, n. 1428. d. 9. Sept. Ob. 7 Sept. 1464.

Ferner Chsti. Daumius, Philol. & Schol. Cygn. Rector.

Caspar Barth, n. 22 Jun. Ao. 1587. :|: Henr. Nethard don. & pinx. 1689.

Thom. Reinesius, Med. D. & Polyhistor, n. Gothae, 1587. d. 13. Dec. Ao. aet. 70.

Nicol. Copernicus, Thorunensis Prusus, Mathematicus Celeberrimus, ex monumento Thorunensi depictus. Er ist betend, mit gefaltenen Händen, vor einem Crucifix vorgestellt. Unten stehen die Verse:

> Non parem Pauli veniam requiro,
> Gratiam Petri neque posco, sed quam
> In crucis ligno dederas latroni,
> Sedulus oro.

Justus Lipsius, Philologus, n. Bruxellis, 19 Octbr. 1547. ob. 1605.

Jacobus Cuiacius, Tholosan. Ictus.

Vier sehr alte, gemahlte Brustbilder, auf einem Stücke. Unten steht: Marsilius Ficinus, — — — —

Henr. Sagittarius.

## Viertes Capitel.

M. Jo. Friderichus, Wolfshuſa-Francus, Utr. ling. & Hiſtoriar. P. P. Coll. Princ. mai. Colleg. Acad. Decemvir, & Schol. Nicol. Rector, &c. n. 1563. d. 7 Octobr. den. Lipſ. 1629. d. 8 Dec. hora vespert. IX.

Wernerus Fabricius, mit beyſtehenden Verſen:

> Hic eſt Wernerus Fabricius, Orpheus urbis,
> Vivus qui Pauli rexit in aede chorum.
> Mortuus aſt Muſis Pauli ſe Muſicus ipſum
> Ac alios ſeptem tradidit atque decem.

D. Martin. Chemnitius.
Salomon Gesner.
Bartholom. Kekermannus.

### rechter Hand:

Effigies nobiliſſ. & praeclariſſ. Icti Dni Chphri Zobelii, qui Lipſ. d. 22 Mart. anno 1560. cum annos 60, menſes 5, vixiſſet, obiit.

Mit der Beyſchrift:

> Francia progenuit, ſervat Philirea sepultum,
> Interitus expers nomen ubique viget.

Fridericus Bellicoſus, Dux Saxon. S. R. I. Arch. & Septemvir, &c. Fundator & Pater benignus Lipſ. Acad. Anno 1409.

Fran. Kram. Saga, Philoſ. & I. U. D. & illuſtr. Duc. Saxon. Dn. Maur. & Dn. Auguſti Fratr. Elect. &c. Conſil. mort. A. C. 1568. d. Paſc. aet. anno 52.

### Inwendig über der Thüre ſelbſt:

Ludovica Adelgunde Victoria Gottschedin, n. d. 6 April. 1713. den. d. 27 Jun. 1762.

### An der Querwand rechter Hand der Entree:

E. C. Comes de Manteuffel.*) Er iſt in der Pelzmütze und dem Schlafrock, mit dem Sterne vor der Bruſt, auf dem Lehnſtuhl ſitzend, gemahlt, von deſſen Armlehne das Ordensband herunterhänget, vor einem Tiſche ſchreibend, wovon ich nur folgende Worte erkennen konnte: Lipsiae d. 2 Aug. natali meo 68vo, A. C. 1743. E. C. Comes de Manteuffel — — — — quinquaginta Stipendiorum his bonarum Artium & sapientiae Caſtris Veteran — — — — — — — —

---

*) Beschreibung der akademiſchen Jubelfeyer Hrn Ernſt Chriſtoph Grafen von Manteufel. Lpz. 743. 8º.

An der, gerade der Thür gegenüberstehenden, Wand:

Chph. Spreibifius Sprotha, Silesius, Philof. & I. U. D. Comes Palat. Caefar. Facult. iurid. Affefsor, Phyf. P. P. Colleg. B. Mar. Virg. & Nationis Polonicae Senior. Hic mortales efse Rectores Lipf. primus exemplo fuo docuit.

Godofr. Schiller, Philof. & I. U. D. & P. P. Secundus Rector mortalis.

Jo. Chfti. Schumbergius Lipf. Philof. & Med. D. Anatom. Chirurg. ac Chymiae P. P. Medic. Ordinis Affefsor, tertius Academiae Lipfienfis Rector mortuus anno 1706 habuit annos 34.

Gottl. Gerh. Titius, Nordhus. Ictus. Potentifs. reg. Polon. & Elect. Saxon. in summo Appellationum fenatu Confiliarius, Electoral. & Ducal. Saxon. Curiae Supremae Provincialis, & Facult. iurid. Afsefsor, nec non Codicis P. P. Quartus in ordine Rector Academiae Lipf. qui in ipfo magiftratu 1714 obiit aet. fuae 53.

Jo. Chfti. Shellius, Philof. & I. U. D. Moral. & Polit. Ord. nec non Iur. publ. Extraord. Profefsor, Collegii min. princ. Colleg. Facult. Philof. Afsefsor & Decanus n. a. 1675 d. 31 Decbr., den. 1712 d. 30 Maii. Hoc monumento pie cohonestatus a coniuge, Hedwiga Elisabetha, nat. Rothia.

Leonhardus Badehorn, Philos. & I. U. D. Provincialis curiae afsefsor, Iurid. Facult. fcabinatusque Senior, & reipubl. apud Lipfienfes Conful, placide in Chrifto Anno 1586. d. 2 Iun. aetatis fuae 77 obdormivit.

An den Pfeilern und Schränken, die in der Mitte stehen, sind noch einige unbedeutende Gemälde.

Von den Bibliothecken bey der Thomas = und der Nikolai = Kirche, habe ich nie etwas Umständliches gehört, auch sie selbst nie gesehen. Frey geöfnet werden sie nicht. Man sehe Jugleri Bibl. litter. T. I. p. 525. f.

Von den Privatbibliothecken erwähnt Meusel der des Hof = rath Böhme [(S. oben pag. 62)] und des Doctor J. A. Ernesti.

# Fünftes Capitel.

## Gelehrte Gesellschaften. Sammlungen. Buchhandel.

### 1. Gelehrte Gesellschaften.

Die öconomische Gesellschaft.[53] — Addr. Cal.

Diese Gesellschaft verwahrt auf der Pleissenburg eine Sammlung von Modellen ꝛc. Maschinen ꝛc. und allerley Kunst- und Naturproducten. S. d. Addr. Cal.

Die Jablonowskische Societät der Wissenschaften.[54] — Addr. Cal.

Die deutsche Gesellschaft.[55] — S. Jugleri Bibl. litter. T. III. p. 2014. — Addr. Cal.

Die Gesellschaft der freyen Künste.[56] — Addr. Cal.

Das Collegium Philobiblicum scheint wohl eine Privatgesellschaft zu seyn.[57] — Addr. Cal.

### 2. Sammlungen.

Ausser der Sammlung von Modellen, ꝛc. Maschinen ꝛc., welche die Oekonomische Gesellschaft macht, wird auch eine ähnliche, sehr ansehnliche, Sammlung von Modellen, Rissen, und Zeichnungen ꝛc. im Intelligenz-Comtoir verwahrt, welches im Hohenthalischen Hause am Markte ist. — Addr. Cal.

## Fünftes Capitel. Sammlungen.

Das Linkische Naturalienkabinet, nebst der dazu gehörigen Bibliotheck, wird im Linkischen Hause auf der Grimmischen Gasse, der sogenannten Löwen-apothecke,[58] aufbewahrt. Der Besitzer ist der Eigenthümer dieser Apothecke, der Commerzienrath Joh. Heinr. Linke. Ob es zu gewissen Stunden geöfnet werde, weiß ich nicht. Vielleicht hat jetzt Prof. Leske die Aufsicht darüber; wenigstens führt er seine Zuhörer hinein. Es soll reich seyn, an allen Naturproducten, auch an anatomischen Präparaten, und Kunstsachen. Ein Theil dieser Sammlung ist schon durch das Werk de stellis marinis bekannt.

Das Richterische Naturaliencabinet, in des Sammlers, des verstorbenen Kammerrath Johann Thomas Richters Hause auf der Haynstraße. Der Besitzer ist jetzt der Dr. und Prof. Joh. Ge. Richter. Es soll eine der auserlesensten und vollständigsten Sammlungen seyn, besonders in Sossilien und Conchylien, Kunstsachen, und zur Topographie und Geschichte der Malerey gehörigen Büchern; und wird auf der Fleischergasse, im Hinterhause des kleinen Joachims-Thales[59] verwahrt. Addr. Cal.

[Ob das Ludwigsche osteologische Cabinet noch da ist, kann ich nicht sagen. Im Jahr 1780 wird mir von Leipzig von einem Freunde geschrieben, er habe es kürzlich noch in der besten Ordnung gesehen, und es gehöre jetzt dem jüngern Herrn Dr. Ludwig.

Die (ehemalige) Mineraliensammlung des Assessor Stieglitz scheint, so wie das Cabinet im Großen Bosischen Garten, eingegangen zu seyn.[60]].

Die Richterische Sammlung von Gemälden, Kupferstichen, und Originalzeichnungen habe ich nicht gesehen. S. Deutsches Museum 1778. Band II. pag. 463. Der Sammler war ebenfalls der verst. Cammerrath Joh. Thom. Richter. Es ist jetzt in des Kaufmann Joh. Fr. Richters Hause, am Thomaskirchhofe,[61] wo es, wie man mich versichert, Montags Nachmittags geöfnet wird.

Das **Winklerische Malereycabinet** besitzt der Kaufmann Gottfried Winkler, und hat es in seinem Hause, auf der Catharinen-Straße,[62] hinten, drey Treppen hoch. Es wird jeden Mittwochen von 2—4 Uhr, nur in der Messe nicht, geöfnet. In dem kleinen Vorzimmer, sobald man zur Thüre hereinkömmt, legt man Hut, Stock, Degen 2c. ab. Hier hängen auch einige Gemälde, und in den Schränken sind Kupferstiche. Das eigentliche Cabinet besteht aus vier, parallel an einander fortlaufenden, kleinen Zimmern, an deren Wänden und Thüren die Gemälde hängen, alle in schönen schwarzen, vergoldeten breiten Rahmen. Jedes Gemälde trägt am Rahmen seine Nummer, die der im gedruckten Verzeichnisse dieses Cabinets entspricht. Dies letzte hat folgenden Titel: (Kreuchaufs) Historische Erklärungen der Gemälde, welche Herr Gottfried Winkler in Leipzig gesammelt. Leipz. 1768, bey Breitkopf, gr. 8°, sauber mit lateinischen Lettern gedruckt, und mit saubern Vignetten. Der Ladenpreiß davon ist, denk ich, 2 thlr. 12 gr. Die Beschreibungen sind alle sehr poetisch. Von diesem Verzeichnis liegen auf dem Tische im ersten Zimmer zwey Exemplare zum Nachlesen und Vergleichen derer, die sich hier umsehen. Es versteht sich, daß allemal ein Aufseher mit oben ist. Die Gemälde sind von den größten Meistern der vier Schulen. Nur Schade ist es, daß nicht eine etwas bessere Ordnung im Cabinette herscht, indem die Zimmer für alle diese Gemälde nicht geräumig genug zu seyn scheinen, und daß soviel neuhinzugekommene Werke da stehen, die noch nicht aufgehangen, noch nicht numerirt, und noch nicht beschrieben sind.

Der Buchhändler Reich hat einen Saal voll lauter Gemälde seiner Freunde 2c., die alle von Graf gemalt sind, und wovon, wo ich nicht irre, jedes Stück 12 Ducaten kostet. Aber diese Sammlung gehört unter die Privatsammlungen im engsten Verstande.

## 3. Buchhandel.

Die Breitkopfische Notendruckerey habe ich zu sehen versäumt.

Die Buchhändler nebst ihren Läden, stehn allemal im Adreßcalender. Zu meiner Zeit waren folgende:

Adam Friedr. Böhme,
Joh. Gottlob Imman. Breitkopf,
Siegfried Lebrecht Crusius,
Joh. Gottfr. Dyks Wittwe,
Caspar Fritsch,
Gotthilf Gottlieb Georgi,
Joh. Fr. Gleditschens Erben,
Joh. Samuel Heinsius,
Chr. Gottlieb Hertel,
Chr. Gottlob Hilscher,
Herm. Heinr. Holle,
Joh. Friedr. Junius,
Paul Gotthelf Kummer,
Joh. Georg Löwe; ist zugleich Antiquar,
Heinrich Merkus Wittwe,
(Joh. Carl Müller hatte schon zu meiner Zeit bald ausgehandelt,)
Joh. Gottfr. Müller, Bruder des eben erwähnten,
Carl Friedr. Schneider,
Engelhard Benjamin Schwickert,
Wilh. Gottl. Sommer,
Weidmanns Erben und Reich,
Weygandsche Buchhandlung ist nur in der Messe auf, und eine der reichsten, obgleich Weygand unter den Buchhändlern für den ärgsten Chicaneur passirt.

Disputationen und andre kleine akademische scripta kann man bey Jo. Fr. Langenheim bekommen, einzeln und Alphabetweise. Für das Alphabet giebt man 3—4 ggr. Von seinem Catalogus dissertationum ꝛc. kommen jetzt die Continuationen des tomi III heraus. Von den zwey erstern Theilen dieses Verzeichnis hat Langenheim kein completes Exemplar mehr zu verkaufen, wie mir sein Factor selbst sagte.

Buchdrucker s. im Adreßcalender. Es waren zu meiner Zeit:

    Joh. Gottl. Imm. Breitkopf,
    Joh. Gabr. Büschel,
    Joh. Chstph. Büttner,
    Chsti. Phil. Dürr,
    Herm. Heinr. Holle,
    Fr. Gotth. Jacobaeer sen.,
    Fr. Gotth. Jacobaeer jun.,
    Jo. Fr. Langenheim,
    Gotth. Albr. Löper,
    Chsti. Fr. Rumpf,
    Ulr. Chsti. Saalbach,
    Wilh. Gottl. Sommer,
    Jo. Ehrenfr. Walther.

Ihre Wohnungen stehn ebenfalls im Adr. Cal.

[Allg. Litter. Zeit. November, 1785. p. 171. „Unsers Wissens giebt es gegenwärtig in Lpz. nicht 20, sondern 22 eigentliche Buchhandlungen. Hierunter sind aber die 12 Buchdruckereien nicht mit begriffen, wovon die meisten zugleich einen ansehnl. Buchhandel treiben. Von dieser letztern Art ist die Breitkopfische die stärkste. Sie hat gegenwärtig 21 Pressen, und verbraucht allein jährlich 1200 Ballen Papier. Ueberhaupt besuchen gegen 324 fremde Buchhändler die Leipziger Messen.]

Es waren drey Bücherverleiher zu meiner Zeit in Leipzig, Hermes, Seiler, und Thum. Alle drey gaben ein Verzeichnis ihrer Bücher aus. Thums Verzeichnis ist das stärkste, und er ist auch billig. — Bey Seilern konnte man zu meiner Zeit sogar Lavaters Physiognomik mit allen Kupfern zum Lesen bekommen. Er nahm dafür die Woche 16 gr.

Als Kunsthandlungen kann man die Handlung Carl Chsti. Heinr. Rosts, in Auerbachs Hofe, und Joh. Carl Müller, in Homanns Hofe auf der Petersstraße, ansehen. Der erstere giebt ein Verzeichnis seiner Waaren und Kunstsachen unentgeldlich aus. Der letzte nennt sich Kunst- und Buchhändler, aber ich habe erst eben angeführt, daß es bald aus mit ihm ist.

Vom Breitkopfischen Notenverlag giebt diese Buchhandlung besondre Verzeichnisse aus. — Auch der ebenbenannte Rost in Auerbachs Hofe hat Musikalien in Handlung, vorzüglich Hummelsche aus Amsterdam, von denen er ein Verzeichnis unentgeldlich ausgiebt.

Die berühmtesten Künstler zu meiner Zeit in Leipzig waren eben die, die überall bekannt sind: die Kupferstecher Bause, Geyser, Dauthe, Mechau, Roßmäßler, Thönert; — Professor Oeser; — Hiller; Löhlein; (Tromlitz?) und zwey Berger, Brüder, wovon der eine auf dem Violon, der andre auf dem Violoncello excellirt 2c. — Die Mechanici und Optici Hoffmann und Reinthaler.

Gelehrte waren außer der Akademie, und dem Rath: Rath Adelung,[63] die Professorin Reiske, Rector Martini, Doctor Volkmann, Kreis-Steuer-Einnehmer Weiße, Zollikofer 2c.

# Sechstes Capitel.

## Gasthöfe, Speisewirthe, Münzcours.

In Leipzig sind für den Reisenden viele Hotels und Gasthöfe. Die vorzüglichsten sind das Hotel de Saxe,⁶⁴ in der Klostergasse, Hotel de Baviere,⁶⁵ zum blauen Engel auf der Petersstraße,⁶⁶ das goldne Schiff in der Fleischergasse,⁶⁷ zum großen Joachimsthale auf der Haynstraße,⁶⁸ bey Zimmermann in der Klostergasse,⁶⁹ zu den drey Schwanen im Brühl,⁷⁰ (bey Stade am Markte⁷¹ ꝛc.), zu der Säge am Grimmischen Steinwege vor dem Thor⁷² ꝛc.

In den Hotels, und im großen Joachimsthale, kostet die Mittagsmahlzeit wenigstens 8 gr. ohne Wein. Für den Monat pflegt man da 6 oder 6½ thlr. zu geben. — Im goldnen Schiffe bey Hildebrandt, wo zu meiner Zeit immer eine große und angenehme Gesellschaft war, giebt man für jede Mittagsmahlzeit (Suppe und ein Gericht) ohne Wein und Bier 4 gr. — Im Rathsweinkeller bey Staden kömmt die Mittagsmahlzeit 6 gr.

Die Abendmahlzeit kostet an diesen Oertern, in den Hotels wenigstens 6 gr., im goldnen Schiffe (für jedes Gericht) 3 gr., im Rathsweinkeller 4 gr.

In den Hotels, im großen Joachimsthale, im Rathsweinkeller bey Staden, ꝛc. ist man, wenn nicht täglich, doch wenigstens einigemal die Woche genöthigt Wein zu trinken. Wessen Sache das nicht ist, der thut am besten, ins goldne Schiff zu gehen, wo man Wein und Bier haben kann, wo aber die Allerwenigsten am Tische nur einmal daran denken.

**Sechstes Capitel. Gasthöfe, Speisewirthe, Münzcours.**

Zu den wohlfeilsten Speisewirthen gehört Pohl, auf dem alten Neumarkte, welcher mit seiner Schwester, der sogenannten Pohlen-Christel, die Wirthschaft hält, wo man recht gutes Essen bekömmt. Manche essen bey noch wohlfeileren Tischwirthen, z. E. bey Horn im Gewandgäßchen, Buch im Schustergäßchen, Kien auf der Grimmischen Gasse. Der erstere soll wirklich ganz gutes Essen haben; die beyden letzten oft wohl sehr elend. Den letzten pflegt man nur κατ᾽ ἐξοχήν den Sau-Kien zu nennen.

Zum Wein bey Mahlzeiten sind Quarte, auch Römer, oder halbe Römer, gewöhnlich. Ein Römer weisser Franzwein kostet wenigstens 4 gr., und an manchem Ort, wenn er erträglich seyn soll, 6 gr. Doch ist ein Römer auch etwas mehr als ein Quart.

Der Münzcours im Sächsischen wird monatlich durch die Valvations-Tabelle bestimmt. Es gilt

|   |   |   |   |   |
|---|---|---|---|---|
| der Louisd'or | 5 thlr. | | | |
| Ducaten | 2 thlr. | 20 gr. | | |
| halbe Louisd'or | 2 ,, | 12 ,, | | |
| Ducaton, oder Laubthaler | 1 ,, | 13 ,, | | |
| halbe Laubthaler | — ,, | 18 ,, | 6 pf. | |
| Maxd'or | ——— | | | |
| Carld'or, Carolin, | ——— | | | |

Ausserdem hat man an Gold Sächsische 10thlr. Stücke, die sehr schön aussehen ꝛc., an Silber 1 thlr. 8 gr. Stücke, 16 gr. Stücke, 8 gr. Stücke, 4 gr. St., 2 gr. St., 1 gr. St., 6 pf. St., 3 pf. St., einzelne Pfennigstücke, wovon über zwey Niemand anzunehmen schuldig ist. Im Jahr 1779 wurden auch Sächsische Heller geschlagen.

## Siebentes Capitel.

**Plaisirs und Zeitvertreib in und um Leipzig, und was sonst dazu gehört.**

Angenehm ist es, wenn man im Sommer und Frühjahr auf den Straßen geht, und die vielen Nachtigallen schlagen hört, die sehr häufig vor den Fenstern hängen.

### 1. Concerte.

1) Das große Concert, das sonst im Brühl in den drey Schwanen, Donnerstags von 5 bis 8 Uhr gehalten wurde, war im Winter von 1777 bis 1778 zuletzt: den darauf folgenden kam es nicht zu Stande. Die Entrepreneurs waren, wenn ich nicht sehr irre, die Herren Küstner und Crayen, beides reiche Kaufleute; und die Subscription kostete, denk ich, 12 thlr. 12 gr. — Sie hatten zu diesem Concert zwey Sängerinnen verschrieben, die Demoisellen Saporiti und Almerigi, welche beyde ich noch in Leipzig gekannt habe, und die beyde schön sangen, wovon aber doch wohl die erstere die letztere, im Ausdruck wenigstens und der Kraft des Gesanges, übertraf. Dlle. Saporiti ist die Schwester der Madame Bondini, der Frau des Entrepreneurs der deutschen Schauspieler-Gesellschaft in Dresden. — Eine einzelne Entree bezahlte man, glaube ich, mit einem Gulden. — Die Stücke und Arien, die in jedem Concert vorgenommen und gesungen wurden, wurden, auf ein Oktavblatt gedruckt, den Interessenten jedesmal vorher zugesandt.

2) Das Hillerische Uebungs-Concert [73] (die Musicübende Gesellschaft) gewann sehr durch das eingegangene große Concert, zumal, da Hiller, der von den Entrepreneurs jenes Concerts, welches er auch dirigirte, war disjustirt worden, alles that, um sein Concert in die Höhe zu bringen. Es ward anfangs alle Dienstage, hernach alle Donnerstage von 5 bis 8 Uhr, im Thomäischen Hause am Markte, im Winter alle acht, und im Sommer alle vierzehn Tage, gehalten. Der Preiß auf das ganze Jahr war; als ich mich darauf unterschrieb, noch 10 thlr. überhaupt, und 16 gr. für den Bedienten, der die Zettel herumträgt: hernach ist der Preiß noch um 1 thlr. 8 gr. vermehrt worden, für Zettel und Bücher. Hiller machte auch nachdem einige Veränderungen in der Einrichtung: die älteste war die, welche das Pro Memoria (Nro. A.) enthält:[74] darauf kam ein anderes Pro Memoria (Nro. B.), das ich nicht mehr besitze, zum Vorschein, welches eine neue, sonderbare und etwas beleidigende Einrichtung einführte; die aber nicht lange dauern konnte, sondern bald, nach dem dritten Pro Memoria (Nro. C.), mit der letzten, so lange ich da war, vertauscht ward. — — Die Zettel, die die jedesmal zu machenden Stücke enthielten, wurden zwey Tage vorher jedem Interessenten gebracht. — Die Ordnung des Concerts selbst war folgende: Ouvertüre mit einer Sinfonie: Arie: Concert auf einem Instrument: Arie: Duett: Pause von einer guten halben Stunde: Sinfonie: Arie: ein Recitativ oder ein Chor aus einer Oper: Schluß mit einer Sinfonie. — Es spielten und sangen viele Liebhaber und Liebhaberinnen in diesem Concert; z. E. Concerts auf der Violine spielte oft Hr. v. Rechenberg; auf dem Clavecin spielten Demoiselle Schröpfer, zwey Demoiselln Duvigneau, Dlle. Bausen, Madame Platner, Madame Treischke ꝛc. Sängerinnen waren Dlle. Selig, beyde Dllen. Podelesky, Dlle. Obermann, Dlle. Frosch, Dlle. Leistner, Fräulein von Jung, Dlle. Hiller, (und ein paarmal Dlle. Brandes.) ꝛc.

3) 4) Auch gaben Löhlein und Heßler wöchentlich ein

Concert. Das erste war Mittwochs, und das andere, denk ich, Montags. Das letzte war auf der Catharinenstraße.

5) Der **Coffetier Richter** gab im Winter in seinem Coffeehause, im Sommer auf seinem Coffeegarten, auch ein Concert, wöchentlich einmal.

Fremde Virtuosen oder Sänger und Sängerinnen lassen sich entweder im hillerischen Concertsaale, oder auf dem Theater hören. Zu meiner Zeit ließen sich unter andern in Leipzig hören Madame Mara[75] aus Berlin, wobey zum erstenmal die Entrée 1 Ducaten, zum zweitenmal 1 thlr. 8 gr. kostete; Madame Syrmen aus Dresden, auf dem Theater, als Virtuosin auf dem Violon und als Sängerin.

## 2. Schauspiel.

Die **Comedie** wird im dazu bestimmten Hause, dessen schon oben erwähnt ist, gespielt. Die Gesellschaft kömmt einige Wochen vor der Ostermesse von Dresden herunter nach Leipzig, spielt die Messe hindurch alle Tage, nur Sonnabends nicht; nach der Messe etwa nur zwey- oder dreymal die Woche,\*) wo sie zu meiner Zeit sehr oft neue Stücke brachten, um sich darin auf den Winter einzuspielen: fängt dann etwa eine oder zwey Wochen vor der Michaelmesse an, alle Tage zu spielen, wie zu Ostern, und geht endlich, wenn die Messe vorbey ist, nach Dresden, wo sie den Winter allemal zubringt. — Der Entrepreneur der Gesellschaft ist Hr. Bondini, ein Italiener, welcher dazu nicht mehr als 6000 thlr. jährlich Zuschuß vom Churfürsten bekömmt. — Auſſer der Messe kostet ein Billet in der großen Mittelloge 16 ggr.; in einer Loge des ersten Rangs

---

\*) Vgl. Deutsches Museum, vom Jahre 1778 Band II. p. 465: wo ich jedoch nicht Alles bestätigen möchte. Denn einmal die Woche spielte (wenn sie es that) die Gesellschaft ganz gewiß nur gerade den Sommer 1778, wo die Gesellschaft getrennt war; und neue Stücke brachten sie oft auf die Bühne.

auch 16 ggr.; des zweyten Ranges 12 ggr.; des dritten Ranges 8 ggr.; im Parterre 6 ggr. und auf der Gallerie 4 ggr. In der Messe aber bezahlt man für ein Billet in der großen Mittelloge und einer der ersten Ranglogen 1 thlr., für eine der zweiten Ranglogen 16 ggr. und für eine Loge im dritten Range 12 ggr.: Parterre und Gallerie werden nicht erhöhet. — Der Entree ins Parterre gegen über linker Hand ist ein Confitürier, bey dem man Chocolade, Limonade, Liqueurs, Mandelmilch, Kirschsaft ꝛc., Torte, und Confitüren ꝛc. bekommen kann. Er schickte immer eine Schüssel mit Torte im Parterre herum, wovon das Stück 2 ggr. kostete. Eine Tasse Chocolate kostet 3 ggr. ein Glas Limonade, Mandelmilch, Kirschsaft ꝛc. 2 ggr. &c. Auch sitzen vor der Thür des Comoedienhauses immer Obsthändlerinnen, oder Kerl mit Gebackenem ꝛc. — In der ersten Zeit meines Aufenthalts in Leipzig war die Gesellschaft noch ungetrennt, und ausserordentlich schön besetzt; z. E. Hr. und Madame Reinecke, Hr. und Madame Brandes ꝛc. Im Sommer 1778 erhoben sich einige Uneinigkeiten zwischen Hrn. Brandes und Reinecke, worauf im Winter darauf die Truppe getheilt ward, und der eine Theil unter Direction des Hrn. Brandes in Leipzig blieb, der andere aber, unter Reineckens Direction, nach Dresden gieng, bis endlich Brandes mit seiner Frau vom Theater abgehn mußten, und die Gesellschaft wieder vereinigt wurde, die aber nunmehr, theils durch abgegangene, theils durch neuzugekommene Acteurs, viel von ihrer vorigen Schönheit verlohren hatte.

Zu den ganz vorzüglichen Actricen gehörten Madame Brandes, die durch Ariadne und Medea so berühmt ist; Madame Günther (ehemalige Dlle. Huber); Madame Spengler (ehemalige Madame Hänisch), Schwester der Madame Koch; Madame Reinecke.

Nicht sowohl als Actrice, sondern mehr als Sängerin, liebte das Parterre die Madame Koch. Madame Spengler, ihre Schwester, zugleich eine vortreffliche Spielerin, sang schön;

ließ sich aber die letzte Zeit, ihrer Brust wegen, nicht mehr als Sängerin hören. Minna Brandes, eine Tochter des Acteurs und seiner Frau, erwarb sich die Bewunderung des Leipziger Parterres, noch ausser ihrer Schönheit und ihrem Wuchse, durch ihren Gesang, mit dem sie vorzüglich im verliebten Maler, und unstreitig am allermeisten als Gustel im Alchymisten brillirte: besonders in der Arie aus dem verliebten Maler: „Als im Flug auf Morgenstralen" ꝛc., und in der aus dem Alchymisten: „Wie durch meine kleinste Nerve" ꝛc. Beyde diese Bravourarien, vorzüglich die letzte, hatte der Componist, Hr. Schuster in Dresden, recht eigentlich für ihre Stimme gesetzt. Sie war, als sie auf dem Leipziger Theater debütirte, etwa 14 Jahre alt, und spielte etwa höchstens ein Jahrlang in Leipzig und Dresden, bis ihre Eltern dies Theater verließen. — Madame Günther sang nichts weniger, als schön; fand aber doch Anhänger genug. — Wenn eine Sängerin, vorzüglich zu einer Mutterrolle, fehlte; so sang auch wohl noch entweder Madame Jaquemain oder Madame Huber, im Nothfall.

Die vorzüglichsten Acteurs waren Hr. Reinecke, Hr. Hempel, Hr. Günther, Hr. Thering, Hr. Spengler; — vielleicht noch Hr. Schmitt und Hr. Christ. Zu den minder guten gehörten Hr. Bauser, Hr. Wagner. Hr. Fleck hatte angefangen sich zu bilden, als er nach Hamburg gieng. Hr. Brandes hat als Acteur gar kein Verdienst: ob er gleich zu einem Directeur Wissenschaft und Einsicht besitzen soll.

Sänger waren Herr Günther, Hr. Thering, Hr. Spengler (ein vortrefflicher Tenorist), Hr. Bauser, Hr. Wagner ꝛc. — Nach Minna Brandes sang Monsieur Jaquemain ihre Rolle, als Gustel im Alchymisten, und für sein Alter, als ein Kind von 8 Jahren, schön. Ich sah einige Kinderoperetten, als den Scheerenschleifer ꝛc., in Leipzig von Kindern singen und spielen, die mich vergnügten; z. E. Msr. Jaquemain, und beyde Msrs. Huber; Dlle. Jaquemain.

### 3. Spatziergänge.

Die Vorstädte von Leipzig liegen zum Theil angenehm, und bestehen aus Bürgerhäusern, Gartenhäusern, Mühlhäusern. Was Hr. Justitzrath Willebrand in s. Anmerkungen für Reisende, p. 43 ꝛc. von einem Wasserfall hie und da in einer Vorstadt sagt, ist wohl nur das Rauschen eines Mühlrades, wie in der Ranstädter Vorstadt.

Die berühmte Lindenallee geht rund um die Stadt und ihre innern Thore herum, und wird, theils durch Maulbeerhecken, theils durch Geländer von Holz eingeschlossen. Eine Abtheilung derselben ist blos für die Fußgänger, die andere für die Wagen, Reuter ꝛc. — Sie ist in der That sehr schön; nur ist der beständige Staub, dem man, vom Frühling beynahe an, den ganzen Sommer durch ausgesetzt ist, eine große Incommodität. Doch schonen die Damen ihre Kleider und ihre Brust nicht, um sich nur sehen und bewundern zu lassen. Durchgängig sind in einer gewissen Entfernung Bänke zum Ausruhen gesetzt. Im Sommer wird vorzüglich nur derjenige Theil der Allee, welcher vom Barfüsserpförtchen bis an das Schloß geht, besucht, und hauptsächlich Abends gegen 5, oder 6 Uhr ꝛc. Dieser Theil heißt deswegen vorzugsweise die Promenade, und ist 1777 von Roßmäsler sehr schön in Kupfer gestochen, wo man einige Gesichter sogleich erkennt, z. E. den Doctor Burscher mit seiner Frau, und den Doctor Rau, und einige andre Frauenzimmergesichter ꝛc. Ich weiß von der Promenade keine bessere Beschreibung, als die uns Hr. Wetzel in Herrmann und Ulrike, Band III. S. 294 ff. gegeben hat, und die so lautet: „Er (Herrmann) durchstrich an den volkreichsten Tagen und Stunden den Spatziergang ums Thor, sahe geputzte Damen und Herren, die in einem kleinen Bezirke drängend durcheinander herumkrabbelten, alle etwas suchten, und zum Theil zu finden schienen. Gähnende Damengesichter, von der Langeweile auf beyden Seiten begleitet, suchten den Zeitvertreib, und rechnende Mathematicker suchten zu der Größe ihres Kopfputzes und ihrer Süße die mittlere Proportionalzahl, oder suchten in den Garnirungen ihrer Kleider Parallelopipeda, Trapezia, Würfel und Kegel: schöne Mädchen suchten Bewunderer ihrer Reitze, und funfzigjährige Magistri Bewunderer ihres Schmutzes: Doctores Juris à quatre epingles suchten die Jurisprudenz, und veraltete Koketten die Jugend: junge Anfängerinnen suchten die ersten Liebhaber, und junge Docenten die ersten Zuhörer: Scheinheilige suchten Sünden und Aergernisse, um sie auszubreiten; Moralisten suchten Laster und Thorheiten, um dawider zu eifern, und Kennerinnen des Putzes suchten Sünden des Anzugs, um darüber zu spotten: ein Jedes suchte die Gesichter der Andern, ein Jedes in den Gesichtern der Andern Zeitvertreib, und ein großer Theil des Geländers war mit lebendigen Personen (Studenten, die gemeiniglich auf dem Geländer sitzen, und die Anwesenden, vorzüglich Frauenzimmer, in Augenschein nehmen) verziert, die mit stieren Augen die übrigen Alle suchten, um sich auf ihre Unkosten zu belustigen. Aus dieser suchenden Gesellschaft drängte sich Herrmann in den größeren, verachteten Theil der Promenade: Hier suchte mein tiefsinniger Philosoph mit gesenktem Haupte und wackelndem Schritte die Monaden mit dem Stock im Sande, ein denkender Kaufmann suchte Geld für verfallene Wechsel, ein Almanachsdichter Gedanken für seine Reime, und ein bleicher Hypochondrist das Vergnügen in der Luft; und alle suchten vergebens —". Der grüne Rasenplatz in der Promenade, zu den Seiten des Barfüsser Pförtchens, heißt vorzugsweise „der Muhmenplatz", weil sich da im Sommer immer eine Menge Kindermuhmen mit ihren Kindern gleichsam lagert: dergleichen sieht man auch vor dem Grimmischen, und Peters-Thore in der Allee 2c. 2c.

Im Sommer 1779 ward vor dem Petersthore gerade aus eine neue Esplanade angelegt, die vorher nicht da gewesen war. Sie besteht aus verschiednen Alleen, und ist mit Ge-

Plaisirs und Zeitvertreib. Spatziergänge.

ländern eingeschlossen. Die Statüe des jetzigen Churfürsten, die vorher vor das Jablonowskysche Palais kommen sollte, kaufte der Rath dieser Fürstin ab, und will sie in der Mitte dieser Esplanade aufrichten lassen. Sie ist von Sächsischem Marmor.*) Es ward schon noch zu meiner Zeit der Grundstein zum Piedestal mit Feyerlichkeit gelegt, und unter denselben eine kupferne Tafel mit einer Inschrift, die man mit der Beschreibung im Hamb. Corresp. 1779. St. 139. findet. [Im Jahr 1780, am 3ten August, wurde diese Statüe wirklich hier errichtet, mit vieler Feyerlichkeit. Man liest daran folgende Inschrift: (S. Hamb. Corresp. 1780. St. 128.)

FRIDERICO AUGUSTO
Duc. Sax. S. R. I. Elect.
P. P. Pio. Fel.
IABLONOVIUS PRINCEPS
ET
SENATUS LIPS.
poni curarunt.

CIƆIƆCCLXXX.

Das Rosenthal ist ein großes Gehölze vor dem Ranstädter Thore, mit einem (ausgehauenen) Spatziergange, der mitten durch dasselbe geht, und dessen Ende in die eine Schenke von Eolis führt. Der Boden ist mit Kiesel-Sand und -Steinen bestreut, die es immer trocken darin erhalten. In einiger Entfernung stehn bis ganz zu Ende steinerne Bänke. Auf der rechten Seite zu Anfang des Rosenthals liegt das Vorwerk Pfaffendorf. Und linker Hand gleich zu Anfang desselben das Lazareth.**) — In der Mitte des ersten Theiles des Rosen-

---

*) Von dieser Esplanade, und der neu errichteten Statüe des Churfürsten, S. die kurze Beschreibung, nebst einem Kupfer, im Kinderfreund, Th. XX. p. 158.
**) [Brücke nach dem Rosenthal, s. Mal. schöne Ausf. v. d. St. Lpz., 1 Lief. III Taf.]

thals ist die sogenannte schöne Wiese. — An einer Stelle des Spatzierganges sieht man rechter Hand durch das Holz das schöne Gebäude des Böhmischen Landgutes in Golis, welches sich hier vortrefflich präsentirt; denn mitten durch das Holz sieht man auf einmal die Parde, (wo ich nicht irre), die nach der Pleiße zu läuft, [76] hinter diesem Flusse eine schöne, große Wiese, an deren Ende das schöne Gebäude mit seinen beyden Pavillons, dem Gärtchen und der Gatterthüre von Eisen, sich zeigt. An dieser Stelle im Rosenthal steht eine Bank, wo ich mich oft an dem schönen Anblick vergnügt habe. Zu beyden Seiten des Spatzierganges sieht man, nach einiger Entfernung von einander, durch das Holz lange breite Gänge auf die darneben liegenden Wiesen, die man für ausgehauen ansehn sollte, und die eine schöne Abwechslung mit dem schattigten Dunkel des Holzes machen. Das Rosenthal ist in der That einer der schönsten Spatziergänge bey Leipzig: nur Schade, daß es zur Sommerszeit, wenn die Promenaden-Stunden sind, fast eben so voll Menschen ist, als die Promenade in der Allee. Eine andre Incommodität hat man von den vielen Mücken, die sich beständig dort versammeln. — Den Eingang ins Rosenthal hat Roßmäsler schön in Kupfer gestochen, obgleich dies Kupfer eben den Fehler hat, den seine andern beyden (nemlich Auerbachs-Hof und die Promenade) haben, daß die Leute sich alle von hinten zeigen.

Wenn man linker Hand von dem Eingange ins Rosenthal in das Holz hineingeht, kömmt man an einige schöne Stellen, und kann endlich etwas vom Wege abweichen, und nach der Pleiße zugehn, wo man schöne Badestellen antrifft: nur muß man Vorsicht dabey gebrauchen. Der Rath hat alle Stellen in der Gegend durch Feuermäuerkehrer (Schornsteinfeger) untersuchen, und an den gefährlichen Stellen Säulen aufrichten lassen, woselbst Niemand eigentlich baden darf. Ich habe mich einigemal an einer solchen Stelle, wo keine Säule stand, mit Bequemlichkeit gebadet; nur Schade, daß der Platz etwas zu weit von der Stadt entfernt ist. Vormals sollen sogar wilde Schweine sich in diesem Gehölze aufgehalten haben: jetzt, haben mich einige versichern wollen, findet man kein Wild mehr darinnen. Ich verstehe das nicht. Demohngeachtet läßt der Rath mit dem Anfange des Frühjahres jährlich ein Verbot anschlagen, weder große noch kleine Hunde mit in das Rosenthal zu nehmen, und man erzählte mir einige Fälle, wo die Besitzer solcher Hunde von dem Förster einigem Verdruß ausgesetzt waren. Doch darf man die Hunde nur an dem Schnupftuche durchleiten, oder auf den Arm nehmen. — Man sagte mir, der Hofrath Böhme habe wollen den Spatziergang durch das Rosenthal so einrichten lassen, daß er hätte bis nach Golis dadurch hinfahren können: allein man wußte mir nicht zu sagen, was dies Dessein hernach gehindert habe.

### 4. Gärten.

Die Leipziger Gärten sind größtentheils sehr schön. Die vorzüglichsten sind

1) Der große Apelsche[77] ꝛc. vor dem Thomaspförtchen; hat ein bequemes Badehaus, das ich von innen weiter nicht kenne; demohngeachtet baden sich noch dann und wann einige — nicht in dem Badehause, — sondern in der, an dem Garten starkfließenden Pleiße — aber wirklich nicht ohne Gefahr. Einer, namens ......[78] war vor meiner Zeit da ertrunken, und seine Freunde ließen ihm hernach in diesem Garten ein Denkmal von Sächsischem Marmor errichten. Eben so ertrunken zu meiner Zeit zwey andre Studenten in diesem Graben.

2) Der Triersche,[79] vor dem Petersthore, an der Wasserkunst.

3) Der Winklerische,[80] vor dem Grimmischen Thore, auf der Quergasse.

4) Der Wendlerische,[81] vor dem Grimmischen Thore, wegen des Gellertschen Monuments von Oeser, aus Sächsischem

Marmor, welches von Geysern in Kupfer gestochen vorgestellet ist. — In einer Seitenlaube ist ein Grabstein an die Wand gelehnt, den Wendler sich bey seinen Lebzeiten hat machen lassen, mit folgender Inschrifft, deren Buchstaben nicht eingehauen sind, ob sie gleich das Auge sehr täuschen ........ [82]

5) **Der große Bosische**, [83] vor dem Grimmischen Thore.*) Erstaunend groß; man bewundert noch die Ueberbleibsel der vormaligen Schönheit, ohngeachtet er jetzt von Tage zu Tage mehr eingeht. Einige Statüen findet man noch darin, die aber nicht gut gearbeitet, und alle sehr outrirt sind. Vielleicht sind die besten derselben schon weggekommen. — Das Gewächshaus,**) das man jetzt blos seiner Größe wegen bewundert, läßt auf den ehemaligen Zustand des Gartens schließen; so wie die Alleen, Lauben, Terrassen, Lusthäuser, Gartenhäuser, und die Rudera von Fontainen, Thierhaus, Grotte ꝛc. — Das Gartenhaus, das hinten an dem Gange ganz rechter Hand liegt, und das Treiber zu meiner Zeit zu einem Coffeehäuschen gemiethet hatte, schien in der letzten Zeit des Wohlstandes des ehemaligen Erbauers aufgerichtet zu seyn, denn es ist ganz ausnehmend leicht gebauet. Der ehemalige Anleger dieses Gartens soll banquerout darüber geworden seyn, welches man sehr leicht begreift, wenn man die großen Kosten und oft die erstaunende Arbeit betrachtet, die dabey nöthig war. Aber das läßt sich nicht einzeln beschreiben: man muß, um das ganz zu verstehen, den Garten öfter gesehen haben. Schöne Alleen und Ruheplätze sind jetzt noch fast das Einzige, weswegen dieser Garten so stark besucht wird; vorzüglich ist die Allee, in die man gerade von der Entree hinauf sieht, ihrer Länge und Dicke wegen schön, und ein stark besuchter Spatziergang,

---

*) Ein ziemlich erträglicher, obgleich kleiner, Prospect von diesem Garten steht in dem Prospect von Leipzig, der unter dem Seutterischen Grundriß von Leipzig ist.

**) J. E. Probst, Verzeichnis derer inn= und ausländischen Bäume, Stauden und Sommergewächse des Caspar Bosischen Gartens. Lpz. 738. m. K. 8°.

auch von Frauenzimmern. In den Häusern, die zu diesem Garten gehören, werden auf den Sommer (wenn sie nicht ganz vermiethet werden) einzelne Stuben vermiethet, die aber zum Theil theuer sind, und nur mit unter von Studirenden bewohnt werden.

6) **Der kleine Bosische Garten,** [84] vor dem Thomaspförtchen.

7) **Der Stieglitzische,** [85] an der Gerbergasse, vor dem Hällischen Thore. Ich habe ihn nicht gesehn. Aber das Haus, das darauf steht, ist sehr schön. Man sagte mir, der Besitzer habe dasselbe ganz nach dem Hubertusburger Palais gebauet, und auch deswegen eine ziemliche Summe Geldes Strafe geben müssen. Für die Wahrheit der Erzählung kann ich nicht stehen: indessen hörte ich von glaubwürdigen Leuten, das Stieglitzische Gartenhaus sey nach der ganzen Anlage das Hubertusburger Palais im Kleinen.

8) **Der Richterische,** [86] vor dem Ranstädter Thore, ist ausserordentlich schön; hat ein Chinesisches Häuschen [87] 2c. u. s. w.

9) **Fregens Garten** (oder Gut) [88] vor dem Floßthore, ist schön; voran ein kleiner Kunstgarten: hernach ein großer Garten, mit Spatziergängen, Wässern, Lauben 2c. Der Besitzer hat dem Pachter erlaubt, Milch daselbst geben zu dürfen; und ich habe oft mit vielem Vergnügen welche da gegessen oder getrunken 2c.

10) **Löhr's Garten** [89] an der Allee, zwischen dem Ranstädter und Hällischen Thore, war erst kürzlich, als ich Leipzig verließ, angefangen worden. Das Haus war beynahe fertig. und präsentirte sich von aussen sehr prächtig; es war ganz in italienischem Geschmacke gebauet, und kostete großes Geld. Schade, daß es an keiner bequemern und bessern Gegend liegt. Inwendig soll es unbequem und nicht so gut eingerichtet seyn, als man denken sollte. Hätte der Besitzer für das Geld, das es ihm bereits gekostet hat, und noch kosten wird, den großen

Boſiſchen Garten gekauft, und wieder eingerichtet; ſo wäre un‍ſtreitig ein weit ſchönerer Garten daraus geworden, als jetzt aus dem Neuangelegten werden wird. In der That hatte der Beſitzer auch dieſen Vorſatz, aber aus Eitelkeit, weil er fürch‍tete, man möchte alsdann den Boſiſchen Garten noch immer Boſens, und nicht Löhrs, Garten nennen, unterblieb es.

11) Der Jablonowskyſche Garten,[90] hinter dem Palais dieſer verſtorbenen Fürſten, zwiſchen dem Grimmiſchen und Petersthor. Er iſt ſchön. Linker Hand, wenn man her‍einkömmt, iſt eine ſchöne, dichte Laube, mit platter, nicht ge‍wölbter, Bedeckung oben. Noch weiter linker Hand iſt ein Luſt‍häuschen, wo unter andern Kupferſtichen, als Grundriſſen, die vorzüglich groß und ſchön ſind, und Proſpecten, ꝛc. das Ge‍mälde des Fürſten Jablonowsky der Entrée zur Seite, und gerade der Thür gegen über die Gemälde der mehreſten Leipzi‍ger Gelehrten hängen, die der Fürſt, ein beſondrer Gönner der Wiſſenſchaften und der Gelehrten, ſelbſt hat mahlen laſſen. Einige ſind recht ſehr gut getroffen. Ich bedaure, daß ich es vergeſſen habe, die Namen aller Bildniſſe anzumerken; ſie ver‍dienten es doch.

Von der auffahrenden Hitze dieſes Fürſten erzählte man in Leipzig zuweilen genug Anecdoten, ſo wie von Ihrer polni‍ſchen Wirthſchaft. Lächerlich iſt in der That der Aufzug dieſer Fürſtin, wenn ſie ausfährt.

### 5. Dörfer der Umgegend.

Die Dörfer um Leipzig ſind gröſtentheils ſchön, und es iſt auch unter den vornehmen Familien dort gewöhnlich, auf ein Dorf zu fahren, oder zu gehen.

Das vornehmſte und angeſehenſte Dorf, wohin die vornehm‍ſten Familien aus Leipzig ſich oft verſammeln, iſt Gonne‍witz, aus dem Petersthore, nicht völlig eine kleine Stunde von der Stadt. Es liegt ſehr angenehm, und in dem Wirths‍

hause dort geht es etwas auf einem hohen Fuß: weswegen dies Plaisir etwas theuer ist, so viel Vorzüge es auch sonst der Gesellschaft wegen hat.

Andre bekannte und schöne Dörfer sind:

1) Die Kohlgärten, worin mehr als eine Schenke ist; die ich aber vielleicht nicht geradezu alle empfehlen möchte.

Ein, auch auswärts, berühmter Ort, den auch Familien häufig besuchen, ist der Kuchengarten.[91] Die Aepfel-Pflaumen- Heidelbeer- und vorzüglich die Kirsch-Kuchen, sind hier überaus wohlschmeckend; besonders werden von den Kirsch-kuchen viele weit verschickt — so berühmt sind sie, und durch sie Händel; so heißt der Besitzer des Gartens, der durch seinen Garten ziemlich reich geworden ist. — Dieser Platz ist ohngefähr eine halbe Stunde von Leipzig entfernt, und sehr angenehm. Der Garten ist nicht groß, und nicht schön in der Anlage; aber durchgängig sind zu beyden Seiten der Gänge Lauben, von denen oft an einem schönen Tage keine mehr leer ist. — Auſſer den verschiednen Arten Kuchen kann man hier auch sehr guten Koffee (à 2 ggr. 6 pf.), braun und weiß Bier, Milch ꝛc. zu trinken, auch wohl Abends ein ländliches Gericht bekommen. Oben ist ein Billardzimmer, wo die Partie bey Tage 4 pf. (Abends bey Licht, doppelt) kostet. — — — Von Aepfel-, Pflaumen-, Heidelbeer-Kuchen kostet ein gewöhnliches Stück, (das gleichsam den vierten Theil eines Cirkels vorstellt) 1 ggr.; von Kirschkuchen aber 2 ggr. ꝛc.

2) Schönefeld, welches in einer sehr angenehmen Gegend höchstens eine Stunde von Leipzig liegt, und wo man in dem hinten belegenen (nicht in dem vorderſten) Garten ganz gut, aber doch etwas theuer, bedient wurde, und Coffee, zuweilen Kuchen, Bier, Gose ꝛc. bekommen konnte.

3) Eiberitsch, ein häufig besuchter, aber mir wenigstens nicht angenehmer Ort, der keine vorzügliche Lage hat, und, wenn es voll ist, sehr lärmigt ist. Im Winter kann man Sonntags hier tanzen: aber mit standen immer die Tänzerinnen

nicht an. Uebrigens ist dieser Ort in Leipzig besonders der Gose wegen (von der die Bouteille 4 ggr. und mit einer Citrone 5 ggr. kostet: man hat auch kleine Bouteillen, wie man sie nennt, zu 2 ggr.) und der Bratwürste wegen bekannt, die man hier Abends bekommen kann.

4) **Golis** liegt angenehm, und etwa eine halbe Stunde von Leipzig. — — Was diesen Ort berühmt macht, ist das prächtige Landgut des Hofrath Böhme in Leipzig, das von aussen sich vortrefflich zeigt, und von innen ein Beweiß der Pracht und des Geschmacks des Besitzers ist. Er war so gütig, mich im ganzen Gebäude selbst herumzuführen, welches er überhaupt gerne thut. Es besteht aus dem Hauptgebäude, und zwey Pavillons. Die Anlage und Einrichtung des Ganzen und jeder einzelnen Zimmer ist überaus schön, und sie sind schön meublirt und mit herrlichen Kupferstichen ausgeziert. In dem einen der obern Zimmer hängt des Besitzers Bildnis von Graf, und es ist auch daselbst eine Landbibliothek von schönen Werken der schönen Litteratur, die alle sehr prächtig gebunden, und auf dem Bande mit goldnen Buchstaben mit des Besitzers Namen bezeichnet sind. Diese Büchersammlung scheint stark zu verrathen, daß sie zum Theil der Pracht halber mit da ist. Sie wird hinter Glasthüren verwahrt. — Die Decke des obern Saales ist von Oesern gemahlt. Die Idee des Gemähldes ist etwas schwer zu errathen, und man dankt dem Besitzer für die Gefälligkeit, mit der er durch eine Erklärung zu Hülfe kömmt. Die Pavillons bestehen unten ebenfalls aus verschiednen Zimmern, die zum Theil mit kleiner Bildhauerarbeit aus der alten Römischen Geschichte und Mythologie geziert sind. Der Besitzer hat von Dresdner Porcellän sich ein dejeuné machen lassen, wo auf jeder Tasse und jedem andern Stücke ein Prospect von Golis und des Weges von Leipzig dahin gemahlt ist: Es ist ein großer Beweis der Kunst; hat aber dem Hofrath gewiß viel Geld gekostet, weil oft ein Stück nicht schön genug ausgefallen war, und also mehr als einmal mußte von

Neuem gearbeitet werden. Eine Beschreibung dieses schönen Landgutes ist gedruckt: falls ich nicht irre, steht sie in der Neuen Bibl. der schönen Wissensch.

5) Schleußig, ebenfalls schön gelegen, in einer angenehmen Gegend, wo man gut und wohlfeil bewirthet wird; das Haus liegt an einem Wasser, auf dem man mit dem Kahne sich belustigen kann. — Eine Stunde von Leipzig, auf einem schönen Wege durch Holz und über Wiesen. — Es ist desto angenehmer, weil es hier nicht immer so voll von Gesellschaft ist.

6) Lindenau, eine halbe Stunde weit, aus dem Ranstädter Thore, das wegen des guten Merseburger Biers und schönen Sauerbratens berühmt ist.

---

Etwas weiter von Leipzig entfernte Oerter sind:

Möckern, welches sehr angenehm, und falls ich nicht irre, hinter dem Rosenthal liegen soll.

Aitsch — soll in einer angenehmen Gegend liegen.

Gautsch —

Dölitz, — wo der größte Theil der Colonie Sommer hält, soll sehr angenehm seyn. Auch der Professor Oeser unter andern und seine Familie, brachte den Sommer hier zu: er hatte eine Art oeconomischen Gartens ꝛc., wo ich nicht irre, dort.

Raschwitz, welches sehr schön und angenehm liegen soll.

Zöbicker, in einer ganz schönen Gegend. Es ist hier ein Garten mit einem artigen Gebäude, welches beydes dem Oberhofgerichts-Assessor Dr. Kees gehört. Der Garten verdient gesehen zu werden: ohngeachtet ich ihn nicht ausserordentlich nennen möchte. Man merkt, daß der Besitzer nicht dort wohnt;

obgleich Kunst genug darin herrscht. Schön ist er immer. — Unter andern sieht man ein artiges Vogelhauß, das überall mit Drath verwahrt ist, und worin einige schöne Vögel sich befanden. — Auch das Gewächshaus ist artig, und gut besetzt.

Zwenka, ein kleines Städtchen, noch über Zöbicker hinaus, drey Stunden ohngefähr von Leipzig, welches angenehm liegt. Ich war daselbst auf einem Gütchen, welches dem Flosverwalter Fischer gehörte, und sehr artig eingerichtet war. Das Holz in der Nähe dieses Orts macht angenehme Spatziergänge, (der Freundschaftsbaum).

Das Universitäts-Holz, drey Stunden zu gehen, liegt angenehm, und man kann bey dem Förster dort ganz gut und wohlfeil bedient werden. Ich war eine Nacht und einen Tag dort, mit einer großen Gesellschaft Burschen, und dem jüngern Dr. Pohl, um in dem Holze zu botanisiren.

Probstheyde —

Von der schlechtern Sorte, näher bey Leipzig, sind:

Sellerhausen, das, etwas über die Kohlgärten hinaus, angenehm liegt. Der Buchhändler Reich hatte hier ein Gütchen.

Die Straßenhäuser, wo sich mehrentheils willige Krämer aufhalten.

Das Brand-Vorwerk war eigentlich nur der Sammelplatz der Aermern, Geringern, Niedrigerdenkenden unter den Burschen, und der — Perückenmacher-Gesellen ꝛc. Es war hier eine Kegelbahn und Bier — auch mehrentheils Frauenzimmer von der elenden Art. Es liegt aus dem Petersthore.

Der Damenberg, oder Reinerthsberg, das durch die Wirthschaft der ehemaligen Madame Reinerth berüchtigt wurde ꝛc.

Stoetteritz, das eben von Niemanden, der gerne in guter Gesellschaft ist, besucht wird: es war Sonntags immer der Versammlungsort der Parükenmacher, Buchdrucker ꝛc. Es liegt eine Stunde weit, aus dem Grimmischen Thore über die Straßenhäuser hinaus, von Leipzig, in einer angenehmen, zerstreuenden Gegend. Es ist ein Faberſches Rittergut hier, und es ſteht, wo nicht überall, doch in einigem Betracht, das Dorf unter deſſen Gerichtsbarkeit.

Plagwitz, das ehemals ſo erſtaunt berüchtigt war, hat jetzt einen beſſern, ordentlichen Wirth, der aber wohl nicht viel Verdienſt haben mag, weil der ehemalige ſchlechte Ruf dieſes Dorfs immer noch im Andenken iſt, obgleich jene Wirthſchaft jetzt ganz aufgehört haben ſoll.

---

Zur Beförderung des Plaiſirs auf den Dörfern dienen die Fiacres, die gröſtentheils, beynahe alle, vor dem Petersthore ſtehen: einige wenige ſieht man zuweilen vor dem Hälliſchen Thore. Wenn ihrer vier Perſonen zuſammen ſind, kömmt einem ein Fiacre nicht hoch, oft nur 4 ggr.; je nachdem die Tage ſchön und der Ort entfernt iſt. Sonntags ſind oft keine mehr zu haben, oder ganz übermäßig theuer. — Es iſt eine Luſt, wie oft dieſe Miethkutſcher Jemanden anfallen, und ihn umzingeln, wie jeder den andern überſchreit, oder wohl gar zuweilen einer derſelben den Herrn beim Arm kriegt, und ihn in ſeine Chaiſe hebt.[92]

Man hat in Leipzig mitunter ſchöne Reitpferde zur Miethe. Der gewöhnliche Preiß auf einen Tag für ein Pferd iſt 16 ggr.; freylich oft mehr, wenn an einigen Tagen die Pferde ſelten ſind. Sattelgeld giebt man nicht unter 2 ggr., oft thut man wohl, etwas mehr zu geben, wenn man ein gutes Pferd öfter zu reiten denkt ꝛc.

Abends werden die Thore von Leipzig früher oder ſpäter, nach den verſchiednen Jahreszeiten, geſperrt. Der Einlaß koſtet für jeden Fußgänger 1 ggr. — für einen Reuter 2 ggr. und für eine Kutſche, oder Chaiſe 6 ggr.; die man im Thore bezahlt, und von welchem Gelde die Laternen auf den Gaſſen unterhalten und angezündet werden. Manchmal werden die

Stadtsoldaten dabey auf mancherley Weise von einer Gesell=
schaft oder einem einzelnen Burschen geprellt, wozu vorzüglich
das Peters= und Ranstädter=Thor geschickt sind: das Grimmi=
sche ist zu lang, und das Hällische ist ganz geschlossen — man
sagt, aus Vorsicht für die Preussen, die einmal durch dies
Thor die Stadt überfallen haben sollen. — Eben so und
die nämliche Summe bezahlt Jeder, der nach Thorschluß aus
der Stadt will. Dreymal wird vorher vom Rathhause mit
einem Glöckchen geläutet, und es sieht sich schön zu, wie beim
drittenmal Läuten der ganze Schwarm Spatziergänger, die in
der Allee, oder sonst draussen waren, in die Stadt zieht —
oft nach Gelegenheit läuft, und dem Soldaten, der im Begriff
ist, die Thorflügel zuzumachen, zur Seite durcheilt.

### 6. Besondere Vergnügungen.

In dies Capitel gehören noch folgende Plaisirs oder Feyer=
lichkeiten, zu denen man auch rechnen darf den Aufenthalt der
Familien, selbst einiger Burschen, im Sommer auf dem Lande,
oder auf den Gärten: das Bad in Lauchstädt, wohin viele
Burschen und Andre auf einen oder mehrere Tage zum Diver=
tissement oder Tanz reisen: und die Redouten in Altenburg,
Merseburg, Gera ꝛc.

1) Die Harmonie, eine Gesellschaft, die wöchentlich ein=
mal (wo ich nicht irre, im blauen Engel) zusammenkömmt,
wahrscheinlich aus lauter angesehenen Mitgliedern besteht, und
ihre gewissen Gesetze hat; wovon mir aber Alles Weitere un=
bekannt ist.

2) Solenne Schlittenfarthen ꝛc.

3) Ball auf dem Ranstädter=Schloßgraben, auf
den die vornehmen Familien, vorzüglich von der Colonie, kom=
men, und wozu die Mitglieder alle in Leipzig wohnhaft seyn
müssen. Daher kann sich auch kein Bursche dazu mit enga=

gieren: aber dazu invitirt kann er werden, wenn er ein Mitglied gut kennt, sowie Fremde ꝛc.

4) **Das Fischerstechen.**

[Leipzig nach der Moral, S. 349: „Mittlerweile nahete sich der Zeitpunct heran, da die Hitze der Sonne in den Hundstagen den Menschen gebietet, sich den ernsthaften Geschäften zu entziehen, und den Ergötzlichkeiten sich zu überlassen. . . . . Die erste vortreffliche Aussicht in diesen Tagen machen die Fischer, welche in Procession nach dem Wasser gehen und daselbst ihre feyerlichen Uebungen anstellen. Es geschieht dieses an einem gewis bestimmten Tage mit großem Gepränge, welches allerdings verdient gesehen zu werden; dieses kann man unter andern daraus abnehmen, weil so wohl junge und alte, große und kleine, vornehme und geringe Leute diese Feyerlichkeit anzusehen pflegen; . . . hohe und niedere Zuschauer, oder welches einerley ist, die Zuschauer aus den Fenstern und die Zuschauer auf der Strasse, denn bey solchen Gelegenheiten wimmelt alles in Leipzig vom Volk, so wie ohngefähr in unserm Dorfe, wenn die Bauern ihre Kirmes halten. Gegenwärtig will ich so kurz als möglich den ganzen Zug beschreiben, alsdann der Feyerlichkeit gedenken, und man wird daraus zur Genüge erkennen, daß so gar die Fischer in Leipzig witzige Leute sind.

Den Anfang machen die Herrn Musikanten, welche wie gewöhnlich bey allen Gelegenheiten sich einfinden, wo sie etwas erwerben können. . . . Die Musiker geben das Zeichen zum Aufbruch, sie blasen durch die Straßen der Stadt, bis sie an das Wasser kommen und die Herren Fischer, bey ihrem so genannten Fischerstechen, in Bataille gehen. Hinter ihnen kommen die Trommelschläger von der Stadtmilitz, welche durch ihre Trommel die Musik vollständig machen, und hauptsächlich beswegen dabey seyn müssen, damit, wenn ja ein Fischer verwundet werden sollte, welches aber so leichte nicht möglich ist, sie das Spiel rühren, auf daß durch das Gewinsel der Verwundeten den andern das Herz nicht feig gemacht werden möge.

Alsdann kommt der Obermeister, der das ganze Chor anführet, auf welchen die übrigen Gliederweise folgen. Ihr ganzer Anzug ist weiß, womit auf die Unschuld ihrer Sitten gezielet wird; auf ihren Häuptern tragen sie erhabene und verschiedentlich gezierte Mützen, welche eine große Aehnlichkeit mit den rund gebaueten Thürmen haben, nur mit dem Unterschied, daß sie nicht so groß sind. Einer von ihrer Mitgenossenschaft stellet einen Mohr vor; zu dem Ende hat er sich die Hände und das Gesichte schwarz gefärbt, welches ganz niedlich mit dem weißen Habite absticht: in seinen Ohren trägt er ein paar überguldete Eyerschalen, welche größern Staat machen als die theuern Ohrengehenke der Frauenzimmer. Anbey folgt ein Fischer in Weibskleidern, der macht die größte Figur; denn er weiß sich in seinem neumodischen Anzuge und in seinem Reifrock so nett zu tragen, wie eine galante Jungemagd, wenn sie mit sich eine Verwandelung vornimmt, ihr Corset ablegt und die Kleidung ihrer Jungfer, um zu sehen, wie sie ihr stehe, anlegt. Einige von dieser ansehnlichen Parade tragen lange buntgemahlte Stangen, an deren äusserste Spitze eine übergulbete Kugel befestigt ist: der Gebrauch derselbigen besteht darinne, daß sie sich damit auf den Leib gehen und einander bekriegen. Die Kugel aber ist deswegen darauf befestigt, damit sie sich nicht bey ihrem Spiegelgefechte Schaden zufügen mögen. Einige tragen ihre Ruder, welche ohnstreitig bey dieser Gelegenheit das thun müssen, was die auf die Galeeren geschmiedeten Sklaven zu thun verbunden sind.

So bald sie die Stadt durchmarschirt sind und an das Wasser kommen, so setzen sie sich in die Kähne und be=

weisen ihre ungemeine Geschicklichkeit. Diejenigen, welche in das Wasser fallen, schwimmen wiederum nach ihren Kähnen, so wie mein Budel, wenn er mir ein in das Wasser geworfenes Holz wieder holen muß. An der Küste stehet eine beträchtliche Anzahl Zuschauer aus allerley Volk und Nation, welche durch ihr Vergnügen, das sie an den Tag legen, die streitenden Partheyen zum Kampf ermuntern, die Ruhmbegierde erwecken und sie recht hitzig machen. Unterdessen werden von etlichen in das Wasser gefallenen Fischern einige Pistolen losgefeuert, welches die Freude vermehrt. Zum Beschlusse wird an ein Seil, welches über das Wasser gezogen ist, eine lebendige Gans mit ihren Pfoten befestiget; an derselben müssen die nach Blute durstigen Fischer ihre Heldenthat beweisen. Derjenige, welcher so glücklich ist, der Gans den Kopf abzureißen, an welchen einer nach dem andern sich hänget, gleichsam als wollte er die Gans recht abküssen; derjenige, sage ich, trägt den Preiß davon, steckt den Kopf auf seine Stange als ein sauer erfochtenes Siegeszeichen.

Hierauf halten sie ihren Abzug von der Wahlstatt mit Musik und Trommelschlag, und ziehen solchergestalt in Triumph mit ihren eingeweichten und durchwässerten Kleidern in das so genannte Fischerhäuschen vor dem Ranstädterthore, wo sie nach vollbrachter Arbeit, wie alle andern Leute von Distinction, durch eine gute Mahlzeit, wobey der Trunk nicht vergessen wird, die verlohrnen Kräfte wieder zu ersetzen suchen."]

5) Das Johannisfest wird in Leipzig mit vieler Feier begangen. 1) Frühmorgens zieht eine große Menge Leute zu Fuß, Pferde, und Wagen nach dem Gesundbrunnen hinaus, wo man sich bey Jemanden von den Leuten, die dort verkaufen, kann Coffee machen lassen, den man aber mitbringen muß. Es sind da Gebacknes, Kirschen ꝛc. zu kaufen. 2) Mittags um 11 Uhr versammeln sich viele Leute, auch Frauenzimmer,

im Convict, wo diesen Tag feierlich gegessen wird, und alles mit Blumen aufgeziert ist, alle Tische ꝛc. Die Frauenzimmer werden hier wohl mit Blumen geworfen ꝛc. 3) Im Hospitale vor dem Grimmischen Thore ist das Männchen mit Kleidern aufgeputzt ꝛc.[93] 4) Ueberall beinahe, wo man spatzierengeht, betteln die Kinder heute, indem sie einem einen Teller mit Rosen ꝛc. vorhalten ꝛc.

6) Die Schönefelder Kletterstange.

[Leipzig nach der Moral, S. 418: „Unterdessen nahete sich die Zeit heran, da man ausser der Stadt einer feyerlichen Lustbarkeit beiwohnen kann, welche aber zu den halsbrechenden Ergötzlichkeiten gerechnet werden muß, und billig abgeschafft werden sollte, welches aber deswegen nicht wohl möglich ist, weil es ein Vergnügen für die Bauern abgiebt, welche über ihre alten Gerechtigkeiten so halten, wie grosse Städte über ihre Freyheiten. Es ist die berühmte Kletterstange. Vor dem Grimmischen Thore, nicht weit von der Stadt, liegt ein Dorf, mit Namen Schönefeld; in demselbigen wird dieses Spiel zu einer bestimmten Zeit gespielt. Wenn man noch weit von dem Dorfe entfernt ist, so erblickt man schon diese Stange, welche beständig gleich vor der Schenke sich befindet, und denen nach Schönefeld Reisenden statt eines Wegweisers und Compasses dient, damit sie sich nicht verirren mögen. Wenn diese Feyerlichkeit einfällt, so werden aus allen Theilen der Stadt Züge dahin gethan, gleichsam als ob da Jahrmarkt abgehalten würde. Der ganze Weg ist gleichsam mit Leuten bepflanzet, welches eine solche Aussicht giebt, als wenn der Wind ein schönes Blumenbeet in Bewegung setzt. . . . . Es versuchen hierauf einige geschickte Kletterer, bey einer unglaublichen Menge Zuschauer, ihre Kräfte, und legen ihr Verlangen nach den auf der äussersten Spitze der Stange befindlichen und zur Schau ausgehängten Sachen an den Tag, der Wirth aber ist zu dieser Zeit ein ausserordentlich freundlicher Mann, welcher immer nach der Straße zu siehet, wo das Heer hergezogen kommt..... Um die Stange herum wird also ein Lager aufgeschlagen, wo man sich verschiedene Vergnügungen gestattet. Die Personen nun, welche mit besonderer Geschicklichkeit den höchsten Gipfel ihrer Wünsche, und die für sie aufgesteckten Belohnungen zu erreichen sich eifrigst bemühen, erfahren freylich zuweilen das traurige Schicksal, daß sie leer ausgehen müssen, weil sie von dem Glück getäuscht worden sind, und sich nicht auf die eingebildete Höhe haben schwingen können..... Ausserdem so muß es den Kletterern sehr empfindlich werden, wenn sie wahrnehmen, daß nicht nur ihre Wünsche plötzlich vereitelt werden, sondern daß sie noch darzu dem Gelächter der Zuschauer ausgesetzt sind. .... Viele solche unglückliche Personen erblickte ich da, welche eben so trostlos da stunden, als ein Bräutigam, der nach vielen unglücklich angestellten Versuchen, für alle seine Mühe nichts anderes, als ein sauberes Körbchen erobert hat. Derjenige hingegen, der den Preis davon trägt, hat die Ehre, daß man seinetwegen ein Freudengeschrey erhebt und seine Geschicklichkeit rühmt."]

7) Vogelschießen, an verschiednen Tagen und Orten ꝛc.

[Leipzig nach der Moral, S. 353: „Nach dieser feyerlichen Handlung (dem Fischerstechen) läßt man einige Zeit verfliessen, alsdenn wird das öffentliche und solenne Vogelschiessen gehalten. Der Platz ... befindet sich vor dem Ranstädter Thore auf einer angenehmen Wiese, welche daher den Namen der Vogelwiese erhalten hat. [94]) Es gränzet diese Wiese auf der einen Seite an ein schönes Holz, auf der andern Seite aber an einen Fluß. Dieser letztere ist bey dieser Gelegenheit in vielen Fällen unentbehrlich. Man kann das Wasser theils darzu gebrauchen, um den Wein in den Bouteillen darein frisch zu setzen, damit er nicht matt werde, . . . theils aber hat es den Nutzen, daß damit das Merseburgerbier verdünnet wird, welches wegen seiner natürlichen Hitze, zumal in hitzigen Tagen, wenn sie nicht durch Wasser gedämpft würde, der Gesundheit nachtheilig seyn und hitzige Fieber hervorbringen könnte. . . . . Man kann übrigens seine volle Bequemlichkeit hier haben; überall sind Zelter aufgeschlagen, welches in der Entfernung den Prospect von einem Lager giebt, gleichsam als wollte man den armen hölzernen Vogel, der auf seiner Stange vier Tage nach einander blocquirt wird, belagern. Es ist unnöthig zu erinnern, daß diese Zelter mit den ansehnlichsten Personen beyderley Geschlechts angefüllet sind, denn wer wollte wohl nicht dieser prächtigen Lustbarkeit beywohnen? Hiernächst ist auch für die allgemeine Sicherheit gesorgt, denn die Stadtsoldaten müssen hier ihre Piquetwachen ausstellen, und dem Unfug und Muthwillen steuern, welchen etwa liederliches Gesindel, das sich auch mit einfindet, verursachet. Ferner ist hier eine ordentliche Marketenderey angelegt, einige Weinschenken, Kaffeeschenken, Bierwirthe, Kuchenweiber, Obsthökinnen finden sich hier ein. . . . Gehet man weiter auf diesem großen Platze, so stehet man da Spielbuden, worinnen man sein Glück versuchen, zinnerne und porcellanene Gefäße, die Pfefferkuchen nicht zu vergessen, gewinnen kann. Die angenehmste Music machen einige Jungen, das sind wirklich rechte Virtuosen; diese rufen unermüdet: Zeichen herein, womit sie die Vorübergehenden zum Spiele ermuntern wollen. Andere erheben ihre durchdringende Stimme und schreyen: Polsen herein, Polsen herein, wodurch sie ihre Sorgfalt zu erkennen geben, damit die Polsen nicht verlohren gehen, und die Armbrüste desto öfterer losgedrückt werden mögen. Die Herren Schützen schießen nach der gemachten Ordnung, sollte aber einer nicht Lust haben zu schießen, so ist ein allgemeiner Substitute vorhanden, der an ihrer Statt dieser angenehmen Pflicht ein Genüge zu leisten sucht. Derjenige, welcher das Glück hat, die Spille zu räumen, der wird sodann zum Vogelkönig gemacht, welche Würde derselbe ein ganzes Jahr bekleidet, und hierauf wird von ihm die ganze ansehnliche Schützengesellschaft herrlich tractiret. Zum Beschluß wird noch des Freytags Abends ein Feuerwerk losgebrannt, welches sich sehr artig ausnimmt. Das Kanonenfeuer, die Feuermörser, die Feuerräder, die in die Höhe steigenden Racketen verschaffen dem Auge einen wunderschönen Anblick, und die Music entzücket das Ohr ausnehmend.

Ich muß noch dieses hinzusetzen, daß man Gelegenheit hat, an diesen Ort mit der größten Bequemlichkeit, ohne viel Geld darauf zu verwenden, zu fahren. Um das Ranstädter Thor herum haben sowohl inwendig als auswendig die Miethkutscher eine Wagenburg geschlagen, und es hält sehr schwer, ohne große Gefahr durchzukommen. Sobald man ihnen zu nahe kommt, so wird man von ihnen mannhaftig angefallen, ergriffen und feste gehalten,[95] gleich als ob man ein Ueberläufer oder Missethäter wäre. Hat man sich mit großer Mühe durch die eine Wache durchgeschlagen, so muß man immer noch von der andern, dritten und den übrigen die heftigsten Anfälle ausstehen. Uns zum wenigsten verging die Lust zu fahren ganz und gar, und wir wollten lieber stolze Fußgänger abgeben, als in einer Kutsche sitzen, wo wir nicht wußten, was für Personen zu uns gesetzet werden würden. Die Miethskutscher beobachten hier gar nicht das Ceremoniel, sie sind nur froh, wenn sie vier Personen, die sich in eine Kutsche setzen, zusammengebracht haben. . . . . . Hat nun einer seine Ladung hinaus an Ort und Stelle gebracht, so ist er bemühet, wiederum eine Ladung von verschiedener Waare zu bekommen, die er an der

Stadt absetzen kann. Das Beste an dieser Waare ist dieses, daß keine Abgabe davon gegeben wird.

Die Zeit über, da das Vogelschießen dauret, sind die Fenster der Häuser auf dem Ranstädter Steinwege mit Personen besetzet, welche den Zug der Emigranten aus Leipzig nach der Vogelwiese mit ansehen, die aber sich nicht selbst an diesen Ort erheben wollen, weil sie entweder die Bequemlichkeit vorzüglich lieben, oder weil sie sich vor dem Staube fürchten, der sich in ihre Kleider und Angesichter legen möchte, welche zu erhalten sie sich eifrigst bemühen."

Es mag gestattet sein, hier noch die Schilderung eines Festes der Büchsenschützen auf dem Petersschießgraben aus demselben Werke anzufügen. Es heißt daselbst S. 282: „Weil ich noch auf dem Gottesacker war, so hörte ich in der Entfernung ein Schießen; ich glaubte entweder, daß die Stadtsoldaten mit Pulver exerciren müßten, oder daß in Leipzig eine große Parforcejagd gehalten würde. Allein, mein Hofmeister brachte mir ganz andre Gedanken bey, indem er mir sagte, daß das Büchsenschießen in dem Schießgraben wäre..... Ich kam in ein ganz hübsches und wohl aufgeputztes Haus, wo sich der Wirth aus allzugroßer Dienstfertigkeit wie ein Kreisel herumdrehte; die Frau Wirthin hingegen war so freundlich, daß ein Maler, wenn er die Grazien malen will, von ihr füglich die Kopie nehmen kann. Der Garten selbst war sehr geräumig, und er gefiel mehr durch die Natur, als durch die Kunst, welche letztere sich hierein gar nicht gewagt hatte, aus Furcht sich zu verirren. An dem Eingange stunden einige auf hölzerne Breter gemalte Bilder, welches Schäferstücken waren; man hatte die Gewohnheit, dieselben an ein gewisses Ziel in die Höhe aufzusetzen und darnach zu schießen. Es war ein apartes Häuschen in dem Garten angebracht, welches man das

Schützenhäuschen nannte; denn die Bürger haben hier ihre Schützenmeister, Ober- und Unterschützen, und was dergleichen Ehrentitel mehr sind. Aus diesem Häuschen wurde mit ungemeiner Geschicklichkeit gefeuert, und wenn einer mit einer Kugel ein Loch durch das Bret geschossen hatte, so mußte ein darzu bestellter Mann in das Loch ein darzu verfertigtes Werkzeug einhängen, welches hinter sich einen eisernen Stab hatte, der dem Pendule an einer großen Schlaguhr nicht unähnlich war. Hatte einer getroffen, so bekam er von der ganzen hochwerthen Schützengesellschaft eine darzu bestimmte Prämie. Dieses Schießen aber wird das „Männerschießen" genannt, nicht etwa darum, weil es nur Männern erlaubt ist, sich hier zu üben...., sondern weil man mit geschnitzten Männern sein Spiel treibt, und Versuche anstellt, ob man auch das Ziel accurat treffen könne. Zuweilen verfehlen freylich die meisten das Ziel, ... Uebrigens kann man sich mit Kegelschieben in diesem Garten vergnügen, und einen guten Trunk wässerigten Merseburger und schönes kaltgegohrnes Weisbier zu seiner Erfrischung bekommen. Es fehlet auch nicht an andern Leuten, die bey dieser feyerlichen Handlung Zuschauer abgeben, und den werthgeschätzten Herrn Wirth in Nahrung setzen." . . . . . Folgen noch Beispiele von den politischen Kannegießereien, die dort getrieben wurden.]

8) Dorfkirmsen auf den Dörfern bey Leipzig, z. E. in Golis, Lideritsch, Sellerhausen, Gonnewitz ꝛc.

9) Schmäuse oder Bälle zu Anfang des Winters (sogenannte Martinsschmäuse) und am Ende desselben auf einigen Coffeehäusern, oder bei Traiteurs ꝛc. die aber gemeiniglich theuer kommen, — und wobey oft Frauenzimmer gegenwärtig sind, die [96] ——

10) Im Winter das Schlittschuhfahren ꝛc. und das Fahren auf Stuhlschlitten, wo man sich für ein bedunge-

nes Geld auf dem Eise herumfahren, oder — wenn es fest
genug ist, nach Lindenau oder Plagwitz auf der Pleiße fahren
laßen kann. Zuweilen werden solche Fahrten bey Abendzeiten
mit Fackeln von einer Gesellschaft Burschen ꝛc. angestellt. Es
sitzt sich bequem in einem solchen Stuhlschlitten, und es geht
geschwind: hinten schiebt ein Kerl, der auf Schlittschuhen
läuft. — Dies Plaisir machen sich auch Frauenzimmer. Einmal, während meiner Zeit in Leipzig, war die große Wiese
an Rudorfs Coffeegarten [97] überlaufen und gefroren. Dahin
kamen alle Tage die vornehmsten Frauenzimmer, ließen sich
fahren ꝛc.: auf dem Eise trank man Coffee, oder was Jedem
beliebte ꝛc.

11) Der Christmarkt, der den 22. Decbr. allemal anfängt und drey Tage dauert. Abends sind alle Buden auf dem
ganzen Markte erleuchtet, welches einen schönen Anblick macht,
der mich immer sehr vergnügt hat. Man geht denn zwischen
den Buden umher spatzieren ꝛc. ꝛc.

### 7. Coffee-Häuser und -Gärten.

Coffee-Häuser sind genug in Leipzig, wenigstens haben sie
den Namen, wenn man gleich viele nicht dafür halten sollte.
Die berühmtesten sind:

1) Das Richterische.[98] Von dem prächtigen Gebäude
ist schon oben geredet. Es geht hier auf einem etwas hohen
Fuß her, und wer sich gerne ein air giebt, besucht vorzüglich
dies Coffeehaus. — Spieler sollen im vorletzten Kriege, wohl
auch noch nachher, genug da gewesen seyn: jetzt ist wohl nur
selten einer da. — Man findet hier die beste Bedienung. Eine
Tasse Chocolate, (welche hier für die beste in Leipzig gehalten
wird, und die in der That sehr gut ist) kostet 3 ggr.; wobey
man einen Zwieback bekömmt; — die Portion Coffee mit Sahne
3 ggr.; — die Partie Billard bey Tage 1 ggr.; bey Licht
doppelt; — die Tasse Glühwein, (mit sehr vielen Gewürzen)

3 ggr. — 2c. Man kann hier des Abends warm Essen bekommen, und Wein.

2) **Beyer's Coffeehaus**,⁹⁹ im goldnen Apfel, dem Richterischen gerade gegen über im Brühl, wird wohl am stärksten besucht. In dem Hauptzimmer steht ein sehr gutes, stark mit Messing verziertes Billard, das sehr schön sich ausnimmt, aber auch sehr viel Geld gekostet hat. — Die Portion Chocolate kostet hier, in Wasser gekocht, 6 ggr.; in Milch, 5 ggr. — Coffee 3 ggr. — Thee 2 ggr. Die Bouteille Merseburger oder Mannheimer Bier 1 ggr. 6 pf. — Das Glas Orsade und Limonade 3 ggr. — Die Portion Bavaroise oder warm Bier, (in Tassen) 3 ggr. — die Partie Billard bey Tage 6 pf.; bey Licht 1 ggr. — Man kann hier Abends Butterbrödte mit kaltem Braten, oder Servelat-Wurst bekommen, welches 4 ggr. kostet. —

Coffeegärten sind vorzüglich folgende:

1) **der Richterische**, auf der Hintergasse¹⁰⁰ vor dem Grimmischen Thore, — gehört dem nemlichen Coffetier Richter, von dessen Hause oben geredet ist.

2) **Rudorfs**¹⁰¹ vor dem Ranstädter Thore —

3) **Rudorfs**,¹⁰² dem Schlosse gegenüber (in dem ehemaligen kleinen Apelschen Garten) liegt angenehm, und hat zu den Seiten lauter schöne, hohe Lauben, wie Cabineter. Es ist im Sommer hier sehr voll, auch von Familien. — Die Tasse Chocolat 2 ggr. — Portion Caffee 2 ggr. 6 pf. — Thee 2 ggr. — Flasche Bier 1 ggr. — Partie Billard am Tage 6 pf., auch 4 pf.; Abends doppelt.

4) **Treiber** hatte zu meiner Zeit im großen Bosischen Garten seine Wirthschaft: wo er Coffee, Chocolat, Bier, Wein 2c. schenkte, auch Abends speiste, Billard hatte, 2c. — Portion Chocolat 6 ggr. — Caffee 2 ggr. 6 pf. — Orsade, Limonade 2 oder 3 ggr. — Partie Billard am Tage 6 pf.; Abends doppelt. — Portion Essen, Abends 3 ggr. — — —

5) **Weisleder's**,[103] vor dem Thomaspförtchen ꝛc.

6) der **Unzerische**,[104] (ehemals Bauersche) vor dem Petersthore an der Wasserkunst ꝛc.

### 8. Wein- und Bierschenken, Kuchenbecker.

Weinschenken fehlen ebenfalls nicht; sie stehen im jedesmaligen Adreß-Calender. Hieher gehören die Italiäner Keller, die ebenfalls im Adreß-Calender stehen, und wo man oft ganz gute Gesellschaft antrifft. Die Flasche weissen Franzwein kostet daselbst 10 ggr. — rother 12 ggr. — Mallaga 16 ggr. bis 1 thlr. — Champagner 1 thlr. 8 ggr. — Ungarischer 2 thlr. ꝛc. Man kann sich daselbst Quart oder mehr geben lassen, und dazu eine Semmel ꝛc. oder Semmel und Käse ꝛc. oder etwas Servelatwurst, ꝛc. oder einige Sardellen ꝛc. oder eine Sardellensemmel ꝛc. oder einen Sardellensalat (der 4 bis 6 ggr. kostet) ꝛc. oder einige Mandeln ꝛc. Oder marginirten Lachs ꝛc. oder Austern, von denen das Hundert immer seinen gewissen Preiß hat, und 3 thlr. kostet ꝛc. Ich habe unter denen, wo ich gewesen bin, bey Mainoni auf der Grimmischen Gasse, den besten Wein, und sonst die besten Sachen gefunden, und billig genug, auch die beste Gesellschaft. — Im Hamburger Weinkeller war der Wein eben nicht wohlfeiler; die Flasche Franzwein kostete 8 ggr. und war nicht besser; aber man konnte hier Hamburger geräuchertes Fleisch bekommen, und Punch haben, die Portion zu 10 ggr. — Den besten Punch, und zugleich den wohlfeilsten, habe ich bey Bressi in seinem Keller gefunden; die Portion, an der man wirklich genug hatte, kostete 8 ggr.

Bierschenken sind in Leipzig wieder genug: eine war zu meiner Zeit von den besten die Brandauische, wo man Abends Sauerbraten bekommen konnte; ich bin nie da gewesen. Die Gesellschaften in diesen Bierschenken sind gemeiniglich wenigstens langweilig, und die Oerter wohl meistens nicht reinlich ꝛc. — Die gewöhnlichsten Arten Biere, die man in Leipzig haben kann, sind: Merseburger (sehr schön; bitter), Wurzener (gut; doch nicht so schön, als das Merseburger; aber auch bitter), Eulenburger (braun), Mannheimer (wohl fast gar nicht bitterlich), Bayersches (widerlich süß), — Weiß Bier — Gose —. Rastrum oder Raster ist das eigentliche Leipziger Stadtbier. Es soll nichts daran seyn: ich habe es nie getrunken. — Auf einigen Dörfern bey Leipzig wird auch recht gutes Bier gebrauet.

Zu einer gewissen Zeit des Jahres macht man in Leipzig viel aus den sogenannten Pfannkuchen, einer Art Gebackenes, das man gefüllt mit Kirschsaft, Pflaumen, oder Johannisbeeren, oder auch ungefüllt haben kann. Sie schmecken sehr gut. Das Stück kostet 1 ggr. Die beliebtesten Becker in dieser Art waren: einer im Durchgange des Sackes (. . . . . .) und einer in der Hällischen Gasse (. . . . . .). Man kann sie auch sonst beinahe überall, auch im Kuchengarten, haben, aber lange so gut nicht.

Hieher gehören auch die Schweizerbecker, deren drey, oder gewiß zwey, in Leipzig sind, wo man Liqueurs und Gebackenes haben kann, wenn man will.

# Achtes Capitel.

## Die Leipziger Messen.

Die Leipziger Messen sind bekannt.\*) Es sind ihrer drey. Die erste ist die Neujahrmesse, welche den 1sten Januar eingeläutet wird (seit 1458). Die zweyte, die Jubilatemesse, wird den Jubilatesonntag, und die dritte, die Michaëlmesse, den Sonntag nach Michael, (oder, wenn Michael auf einen Sonntag fällt, acht Tage darnach) eingeläutet. Acht Tage nach Einläutung der Messe wird sie allemal wieder ausgeläutet, und diese Woche heißt eigentlich die Meßwoche. Die Woche vorher, wo die mehrsten Buden schon aufgeschlagen sind, und die Kaufleute, die en gros handeln, schon meistens unter einander gehandelt haben, heißt die Bötticherwoche; die Woche nachher ist die Zahlwoche, und der Donnerstag in dieser Woche der eigentliche Zahltag. — Die Jubilatemesse ist die wichtigste; auch für die Buchhändler; die Michaelmesse schon nicht so sehr, auch für die Buchhändler nicht so wichtig als jene: man merkt auch den Unterschied dieser beiden Messen schon am Meßcatalogus. Auf die Michaelmesse reisen viele Buchhändler gar nicht. Am wenigsten bedeutet die Neujahrmesse, um die sich die Buchhändler gar nicht bekümmern. Die Buchhändler fangen allemal ihre Messe 8 Tage später an, als die übrigen Kaufleute, und kommen auch meistens erst 8 Tage später an in Leipzig, bleiben aber auch über eine halbe Woche — oft eine ganze — länger dort.

---

\*) Leipzig hat die Stapelgerechtigkeit so, daß keine andre Messe innerhalb fünfzehn Meilen um Leipzig herum aufgerichtet werden darf.

Ein Verzeichnis der auswärtigen Kaufleute, welche die Leipziger Messen ordentlich besuchen, nebst ihren Gewölbern, steht im jedesmaligen Addreß-Calender. Ein gleiches Verzeichnis von den fremden Buchhändlern findet man zwar im Addreß-Calender nicht, aber in einem der ersten Bändchen der Buchhändler-Zeitung.

# Neuntes Capitel.

## Die Umgegend Leipzigs.

Es liegen in der Nachbarschaft von Leipzig viele kleine und mittelmäßige Städtchen und Städte.*)

Die näheren und unbeträchtlichern sind:

Taucha, aus dem Grimmischen Thore, höchstens wohl 1 1/2 Stunden zu gehn.

Zwenka, von dem schon oben geredet ist, 2 Meil. aus dem Petersthore, über Gonnewitz, u. Zöbicker.

Rötha,

Liebertwolkwitz,

Wurzen, an der Mulde, 3 Meil. aus dem Grimmischen Thor; wo ein Domcapitel ist; — Wurzener Bier.

Grimma, eine der drey Fürstenschulen. 3 Meil. aus dem Grimmischen Thor, das wohl, so wie die Grimmische Gasse, hievon den Namen hat.

---

*) Hierzu gehört die Karte vom Leipziger Kreise, von Thüringen und vom Bisthum Naumburg und Zeitz.

**Pegau** an der Elster; 3 Meil.; aus dem Petersthor.

**Rippach**, 3 Meil. aus dem Ranstädter Thor; und noch vorher, dieſſeits Leipzig Mark-Ranſtädt, und Lützen. Von Lützen iſt ein Proſpect in Merians Topogr. Saxon. ſuperior.

**Dölitſch**, aus dem Hälliſchen Thor; 3 Meil.*)

**Borna**, aus dem Petersthor; 3 Meil.

**Eulenburg**,**) über Taucha, aus dem Grimmiſchen Thore, 3 Meil. Dies Städtchen liefert das Eulenburger Bier. Es liegt in einer ſchönen Gegend, und hat nahe vor den Mauern einige kleine, geringe Weinberge. Es iſt hier ein altes Bergſchloß, welches, als ich dort war, (im Sommer 1779) neu reparirt wurde, wodurch ich Gelegenheit bekam, auf den dazu gehörigen Thurm zu ſteigen. Sowohl von dieſem Thurm ab, als auch vom Berge ſchon, worauf das ganze Schloß liegt, hat man eine Ausſicht, dergleichen ich mich in einer ſo gänzlichen Ebene, wie hier iſt, nicht ſo ſchön erinnere. Nur hinten an dem entfernten Horizont, erheben ſich kleine Berge. Vorn in der Ebne wechſeln die Gegenden überall ſehr angenehm, und haben viele Dörfer, und einige Städtchen. Linker Hand ſchlängelt ſich durch eine der angenehmſten Wieſen die Mulde mit unendlichen Krümmungen. Auf dieſen Wieſen ging gerade viel Vieh, und die Gegend iſt ohnehin immer belebt, welches die Ausſichten weit erhöhet.

**Lauchſtädt**, 4 Meil.; über Merſeburg aus dem Ranſtädter Thor. Der hieſige Geſundbrunnen iſt bekannt. Es ſoll

---

*) Einen Proſpect von Dölitſch ſ. in der Merianſchen Topograph. Saxon. ſuper.

**) Einen Proſpect von Eulenburg ſ. in Merians Topographia Saxoniae ſuperioris.

In der Charte: Praefectura Lipſienſis etc. finde ich einen Geſundbrunnen bei Eulenburg angegeben, von dem ich nichts gehört habe.

## Die Umgegend Leipzigs.

sehr angenehm dort seyn, zu der Brunnenzeit. Ausserdem soll das Städtchen an und vor sich elend seyn.\*) Ich wollte immer von Leipzig aus hin, mit guten Freunden, bald zu Wagen, bald zu Pferde, bald des Nachts zu Fuß. Aber es wurde zu viel davon gesprochen, als daß die Tour hätte zu Stande kommen können.

Entferntere und beträchtlichere und größere Städte sind:

Merseburg,\*\*) aus dem Ranstädter Thor; 3 Meil. — Die Leipziger Studenten besuchen im Winter hin und wieder die hiesigen Redouten.

Freyburg, über Merseburg; 6 Meil. von Lpzg.

Naumburg, über Rippach und Weißenfels, 6 Meil. über Merseburg 5 Meil.

Von diesen drey Städten wird bey einer andern Gelegenheit geredet werden.

Weißenfels,\*\*\*) aus dem Ranstädter Thor, 4 Meil.; über Lindenau, Mark-Ranstädt, Lützen, Rippach; eine Stadt in einer angenehmen Lage; hat, nachdem der Hof von dort weg ist, wohl erstaunend verloren.†) Ueberbleibsel der vorigen Schönheit sieht man noch, wie das Schloß, das auf einem Berge liegt, und die Herzogl. Reitbahn, die man, dem Schloß gegenüber, vor der Stadt rechter Hand liegen läßt, wenn man von Leipzig kömmt. Schade, daß ich, als ich in Gesellschaft hinritt, zu spät aus Leipzig kam, und erst nach eilf Uhr Mittags dort eintraf; nach dieser Zeit kann man auf dem Schloße,

---

\*) S. davon Deutsches Museum, 1778. Band II. p. 468—472.

\*\*) Einen Prospect von Merseburg s. in Merians Topographia Saxon. super.

\*\*\*) Einen Prospect von Weißenfels S. in Merians Topograph. Saxon. super.

†) S. Deutsches Museum 1778. Band II. p. 472. 473.

und in dem, seiner großen Fäßer wegen berühmten, Schloß=
Keller nichts mehr sehen, wie mir gesagt wurde. Ich logirte
so ziemlich gut dort im Gasthofe zu den drey Schwanen.

**Altenburg**\*) habe ich, als ich von Plauen nach Leip=
zig reisete, nur etwa eine halbe Stunde besehen, und lange
also nicht ganz. Die Post wechselt hier nicht, sondern hält
hier blos an. Es ist ein sehr schön gebauter Ort; vorzüglich
schön ist das Amthaus, welches ich eigentlich nur allein recht
betrachtet habe. Es liegt 5 Meil. von Leipzig über Borna,
aus dem Petersthor. Im Winter werden die hiesigen Redou=
ten von einigen Studenten aus Leipzig so, wie die Merseburs
ger, besucht.

**Halle**, 5 Meilen, über Großkugel; aus dem Hällischen
Thor. Die Hällischen Studenten kommen ziemlich oft zu Pferde
nach Leipzig, auch wohl blos zur Comedie, wenn ein schönes
Stück gespielt wird.

**Zeitz**; 5 Meilen, über Pegau; aus dem Petersthore.

**Colditz**, 4 Meilen, über Grimma; aus dem Grimmischen
Thor.

**Waldheim**, über Grimma und Colditz, 6 Meilen; wo
ein bekanntes Spinn= und Arbeitshaus ist.

**Torgau**, über Eulenburg, 6 Meilen.

---

\*) Prospect von Altenburg in der Merianschen Topograph. Saxon.
superior.

### Einiges zur Literatur über Leipzig.

1. **Einige Münzen, Leipzig betreffend,** f. im Catal. Biblioth. Gottsched. p. 217. Nro. 67 bis 70.
2. **Zach. Schneider's** Chronicon Lipsiense. Lipf. 655. 4°.
3. Dav. Pfeiferi Lipsiae, s. originum et rerum Lipsiensium libri IV. cum additam. quibusdam. cura Ad. Rechenberg. Martisb. 689. 8°.
4. Sal. Stepneri Laurus Lipsica. s. inscriptionum Lipsiensium libri VIII. Lipf. 690. 4°.
5. Fr. Ott. Menckenii Laudes Lipsiae. Lipf. 728. 4° m. **Stehn** in feinen Carminibus.
6. J. G. Böhmii Laudes Lipsiae, in feinen Carminibus.
7. **Pol. Fr. Schacher,** de praecipuis Lipsiae ornamentis. Lips. 737. 4°.
8. J. Fr. Franckii de origine et fortuna Academiae Lipsiensis panegyricus faecularis. Lipf. 609. 4°.
9. **Jer. Weber's evangelisches Leipzig. L.** 1698. 8°.
10. **Das jetzt lebende Leipzig.** 703. 8°.
11. **Jocander's berühmtes Leipzig.** 725. 8°.
12. Weitzii verbessertes Leipzig von 1698 bis 1728. 8°.
13. **C. P.** Sicul's Annales Lipsienses, 3 **Bände, Lpz.** 720. 8°.
14. **M. Schwarzens Nachlese zu den Geschichten der Stadt Leipzig. Lpz.** 747. 4°.
15. **Das itzt lebende und itzt florirende Leipzig. Lpz.** 736. 8°.
16. J. Fr. Jugleri Bibliotheca litteraria, Tom. III. p. 1927.
17. (**Kritzinger**) **Die Geschichte der Stadt Leipzig.** 1778. 1779. 8°. in acht **Theilen, zusammen** 643 **Seiten.**
[18. **Leipziger gelehrtes Tagebuch, auf das Jahr** 1780. (edid. **Eck.**)
19. **Malerisch schöne Aussichten von der Stadt Leipzig. Von A. F. Geisler und K. B. Schwarze. Erste Lieferung.** 1784. **Lpz.**[105]
20. **Beschreibung der Stadt Leipzig.** (**Von J. G. Schulz.**) **Lpz.** 784. 8°. mit 1 **Grundriß.** — recenf. von mir in den **Gothaischen** gel. **Zeit.** 1785. **St.** 14.]

# Anmerkungen.

Der Verfasser unseres Werkes hat sich nicht genannt. Aber er würde auch wenn keine Familientradition seinen Namen erhalten hätte, mit Hülfe der Universitäts=Matrikel nach den in der Schrift vorkommenden Daten zu bestimmen gewesen sein. Er erzählt S. 51, daß er im Jahre 1768, zehn Jahre alt, von dem damaligen Rector in die Matrikel ein=geschrieben sei, und er war schon vor dem Sommer 1778, noch mit einem Fuchsgesicht, in Leipzig eingerückt. (Vgl. S. 81 u. 27.) Diese Angaben treffen allein zu auf Joh. Heinr. Jugler, der im Sommersemester 1768 von dem derz. Rector, dem Hofrath Böhme, in die Matrikel der Univer=sität eingetragen ward, als letzter unter den depositi nondum inscripti (am 16. October), und dann am 7. October 1777 von dem Rector Franke in die Zahl der Studierenden rite aufgenommen ward.

Er wurde am 21. Sept. 1758 in Lüneburg geboren, als der Sohn eines bekannten und angesehenen Gelehrten, des früheren Weissenfelser Professors, dann K. Großbritannischen u. Churfürstlich Braunschweig=Lüneburgischen Rathes u. Curators der Ritteracademie in Lüneburg (seit 1746) Joh. Friedr. Jugler*) (geb. 1714, gest. 1791), der einst selbst in Leipzig studirt hatte und mit vielen dortigen Gelehrten in Ver=kehr getreten war. Dies wie seine hochangesehene Stellung gewährte dem Sohn in Leipzig eine begünstigte Aufnahme: Goethe's Gönner, der Hofrath Böhme, der ihn bereits zehnjährig in die Matrikel eingetragen hatte, damals der angesehenste Mann der Stadt und der Universität, führte ihn persönlich durch alle Zimmer seines Gohliser Schlosses und erklärte ihm jedes Einzelne.

Seine Vorbildung hatte unser Jugler theils von seinem Vater, theils auf dem St. Michaelsgymnasium in Lüneburg, theils in Plauen erhal=ten, wozu ein Familienstipendium veranlaßt zu haben scheint. Es ist noch ein Manuscript vorhanden, worin er Plauen in seiner Weise be=schrieben hat.

Wie lange Jugler sich in Leipzig aufgehalten hat, ist aus der Ma=trikel nicht zu ersehen. Unser Manuscript giebt als letztes Datum seines Hierseins den Sommer 1779 an (S. 84), und in die Jahre 1778 u. 79

---

*) Dessen Vater, Martin Jugler, war Prediger.

fällt auch was sonst sich von seinen Angaben datiren läßt. Da ferner Alles, was auf das Jahr 1780 weist, im Manuscript bereits nachgetragen ist, und zwar auf Mittheilungen Anderer hin oder aus Zeitungen, so ist es wohl keinem Zweifel unterworfen, daß er im Herbst 1779 die Universität Leipzig verließ, und im Winter 1779—80 sein Werk zusammenschrieb. Daß dies nicht in Leipzig geschehen ist, verräth sich an manchen Stellen. So sagt er wiederholt dort (z. B. S. 55 u. 90), zu meiner Zeit (S. 62 u. 88; 106; 107), und bedient sich der Präterita waren (S. 109), wurde, konnte (S. 91), befanden sich (S. 94) u. s. w.

Außer in Leipzig soll Jugler auch in Bützow und Göttingen studirt haben. Wie schon seine Schilderung ergiebt, war er Mediciner. Alles was diese betrifft und interessirt, behandelt er am ausführlichsten, vgl. S. 41, 55, 62 u. 59 fg. Nach der Vorliebe, mit der er der „Colonie" wiederholt erwähnt (S. 6, 9, 12, 93, 96 u. ö.), unter der er wenigstens an einer Stelle (S. 12) bestimmt die Katholiken, nicht die Reformirten, versteht, hätte man glauben mögen, daß auch er Katholik gewesen sei. Andererseits hätte der Umstand, daß der einzige Geistliche, dessen er gedenkt, der reformirte Prediger Zollikofer ist, auf einen Reformirten hinweisen können; aber beides ist nicht der Fall, Jugler war lutherisch, wie sein Enkel, der Amtsassessor Jugler in Hannover, der frühere Besitzer unsers Manuscripts, bestimmt anzugeben vermag.

Später ließ er sich als Dr. med. und praktischer Arzt nieder, zuerst in Boitzenburg in Mecklenburg; 1787 ward er Landphysicus zu Wittingen, etwas später zu Gifhorn, 1795 zu Luckow im sog. Wendlande, und 1809 zu Lüneburg, wo er 1814 am Hospitalfieber starb, in Folge seiner Bemühungen um die Kranken in den überfüllten Militärlazarethen.

Seine schriftstellerische Thätigkeit, zu der ihn namentlich auch sein reger Verkehr mit Göttinger Gelehrten anregte, war sehr ausgedehnt und mannigfaltig. Hervorheben wollen wir seine „Gekrönte Preisschrift über die von der churfürstlichen Akademie nützl. Wissensch. zu Erfurt aufgegebene Frage: Ist es nothwendig, und ist es möglich, beide Theile der Heilkunst, die Medicin und die Chirurgie, sowohl in ihrer Erlernung als Ausübung wieder zu vereinigen u. s. w.? Erfurt 1799." Außer größeren selbstständigen Arbeiten schrieb er Abhandlungen, Recensionen etc. für die Göttinger Gel.-Anzeigen, für das Hannoversche Magazin, Pyl's Repertorium für die Arzneigelehrsamkeit u. s. w., auch einige belletristische Sachen.

Ueberall hatte er das Bedürfniß, sich über seine Umgebung genau zu orientiren; aus diesem Bestreben ging auch unser Manuscript hervor, aus ihm auch die schon erwähnte Schilderung von Plauen; als er im sog. Wendlande angestellt war, suchte er sich über die hier noch lange erhaltenen, zu seiner Zeit aber bereits ausgestorbenen Reste der slavischen Sprache zu unterrichten; das druckfertige Manuscript, das aus diesen Bemühungen hervorging, wird auf der Göttinger Bibliothek aufbewahrt.

Er hinterließ einen Sohn, den späteren Kgl. hannoverschen Oberbergrath Ludwig Jugler, geb. 1792, gest. 1871, der in weiteren Kreisen bekannt geworden ist durch einige Arbeiten über die hannoversche Bergwerksverwaltung und durch seine geognostische und mineralogische Sammlung, die den Grundstein der Sammlung des Polytechnicums in Hannover bildet.

---

Das hier zum Abdruck gelangte Manuscript besteht aus 80 bezifferten Seiten folio und 4 unbezifferten Blättern, von denen zwei unbeschriebene den Umschlag abgeben. Es ist mit einer zierlichen, sorgfältigen Hand geschrieben, die ein Abbild der klaren, ruhigen Weise des Verfassers ist. Nachdem sein Context fertig war, in dem er oft zu Nachträgen bedeutend Raum ließ, sind noch vielfach Randbemerkungen eingefügt. Er behielt seine Arbeit stets im Auge und trug nach, was sich ihm Beachtenswerthes in Bezug auf dieselbe bot: es finden sich Spuren bis zum Jahre 1786, wie er denn 1785 noch eine Recension der J. G. Schulzischen Beschreibung von Leipzig in den Gothaischen Gelehrten Zeitungen veröffentlichte.

Das Manuscript ist genau, mit Beibehaltung der Orthographie, zum Abdruck gebracht, nur an der Interpunction ward hie und da geändert, um nicht die Lectüre unnöthig zu erschweren, im Ganzen aber auch sie beibehalten. Die Nachträge am Rande sind, wo sie sich leicht dem Texte anfügten, in diesen aufgenommen, sonst als Anmerkungen unter den Text gesetzt. Nur an einer oder zwei Stellen hat sich der Herausgeber beim Zusammenfügen eine kleine stilistische Aenderung erlaubt. Dagegen gehört die Capiteleintheilung nebst den Capitelüberschriften im Texte wie im Inhaltsverzeichniß, das übrigens von Jugler selber herrührt, dem Herausgeber an, ebenso der Titel; auch ist das Inhaltsverzeichniß vom Ende an den Anfang und die kurze Uebersicht über die Literatur vom ersten Blatte an den Schluß verwiesen worden. Diejenigen Nachträge, welche der Zeit nach 1779 angehören, sind in eckige Klammern [ ] geschlossen.

Jugler hatte, wie er sagt, den Le Rougeschen Grundriß von 1757, der jedoch nur eine Copie des Homannischen von 1749 ist, benutzt und in ihn seine Verweisungen resp. Correcturen eingetragen; beim Manuscript hat sich derselbe nicht mehr vorgefunden. In der vorliegenden Ausgabe ist der zeitlich ungemein viel näher stehende von Heinr. Müller, der der J. G. Schulzischen Beschreibung 1784 beigegeben ward, reproducirt

## Anmerkungen.

mit einigen geringen Aenderungen und Zusätzen, um völlige Uebereinstimmung mit dem Texte zu erzielen. Das Blatt, welches die Umgegend Leipzig's darstellt, ist eines der ersten Blätter, die nach J. G. Breitkopf's neuer Erfindung, Landkarten mit beweglichen Typen herzustellen, gefertigt worden sind.

Außerdem ist eine Ansicht der Promenade nach einem Stich von Roßmäßler v. J. 1777, den Jugler erwähnt, als Titelbild beigegeben; sie führt anschaulich in das damalige Leben und Treiben der höheren Gesellschaft Leipzig's ein, und es ist zu bedauern, daß Jugler, der die Personen, die ja offenbar Portraits sind, noch kannte, es verschmäht hat, die Namen derselben anzugeben. Jetzt ist nur der Prof. Burscher mit seiner Gattin und einem diese unterhaltenden Freunde, von rechts her in die Promenade einbiegend, sicher zu erkennen.

---

Die nachstehenden Anmerkungen treten ohne Ansprüche auf. Sie wollen nur dem Leser dienen, ihm namentlich das Auffinden der entweder heute noch oder nicht mehr erhaltenen Häuser, Gärten 2c. ermöglichen.

1. In Wirklichkeit ist von diesen drei Plänen des 18. Jahrhunderts nur der Homannsche von Werth. Der Seuttersche ist ums Jahr 1725 nach einer Vorlage vom Jahr 1650 (bei Merian) gearbeitet, mit roher und nur theilweiser Nachtragung einiger seitdem eingetretenen Veränderungen. Der Le Rougesche ist einfach eine Durchpausung des Homannschen, nur mit französischen Benennungen versehen. Am meisten zu der Darstellung unsers Verfassers stimmt der H. Müllersche Plan von 1784, den Jugler freilich erst in den Nachträgen erwähnen konnte, der aber, wie schon erwähnt worden, dem dieser Ausgabe beigegebenen zu Grunde gelegt ist.

2. Es ist mir nicht geglückt, dieses Buch zu Gesicht zu bekommen, ich möchte aber glauben, daß No. 3 identisch sein wird mit No. 1, welche zwischen 1723 und 1740 fällt. No. 2 ist eine Copie des schönen Stiches von J. C. Müller, der 1747 herauskam. Es ist übrigens ungerecht von Jugler, die Südostseite die schlechteste zur Aufnahme zu nennen: nur hier bietet sich eine ausreichende Erhöhung des Terrains, um einen guten Ueberblick zu gewähren.

3. Jugler muß ein schlecht colorirtes Exemplar in Händen gehabt haben, denn Schreibers Vogelperspective (etwa v. J. 1715) ist ein Meisterwerk der Zeichenkunst.

4. Sie ist aus dem Jahre 1709.

5. Das Petersthor ward 1723 fertig. Die Festungswerke waren fürstlich, vielleicht hatte der Rath eigenmächtig gehandelt.

6. Also einfach Druckfehler bei Ludovici, 192 statt 92.

## Anmerkungen.

7. Den Namen in dieser Form entnahm Jugler wohl aus Schreibers Vogelperspective. „Aschmarkt" wäre soviel wie Topfmarkt und der Uebergang in „Naschmarkt" würde dann aus Anschleifung eines Theiles des Artikels (auf'n Aschmarkt) erklärt werden müssen. Dennoch ist der Vorgang wohl der umgekehrte, denn bereits 1635 hat Heydenreich in seiner Chronik „Naschmarkt".

8. Dieser Grundriß hat sich nicht bei dem Manuscripte gefunden; es ist aber auf dem dieser Ausgabe beigegebenen hoffentlich nichts Bemerkenswerthes unbezeichnet geblieben.

9. Diese Angabe entnahm Jugler wohl aus Kritzinger's Geschichte Leipzigs (1778); aber bereits eine Abbildung des Romanus'schen Hauses von Peter Schenk aus d. J. 1704 (nach einer Zeichnung Blättner's) zeigt die Laternen, und andere Quellen nennen das Jahr 1701. Vielleicht ward das Laternennetz im Jahre 1715 vollendet.

10. Dies „elende Gebäude", damals das „Schlafische Haus", das spätere Café national (Markt No. 16) hat sich doch noch) volle 100 Jahre erhalten; erst 1877 ward es abgebrochen, nachdem es den Einsturz gedroht hatte.

11. Der Verf. schreibt, wie er den Ort in Leipzig aussprechen hörte.

12. Unausgefüllt geblieben. J. G. Schulz in der Beschreibung d. St. Leipzig sagt S. 176: Die Griechen haben ihr Bethaus im Stegerischen Hause am Markte.

13. Jetzt Thomaskirchhof No. 20.

14. Klostergasse No. 17 und Thomaskirchhof No. 20.

15. Der Name verführt Jugler, das Gebäude unter die öffentlichen zu rechnen. Es führte seinen Namen aber nur noch von Alters (vom Thomaskloster) her; jetzt war es längst ein Privatgebäude, das s. g. Castropische Haus, 1740/41 gebaut, durchaus steinern, eines der schönsten Häuser der Stadt, jetzt Klostergasse No. 15.

16. Markt No. 4.

17. Jetzt steht hier das Gebäude der Allgemeinen Deutschen Creditanstalt, Goethestraße No. 9.

18. Jetzt Klostergasse No. 17.    19. Markt No. 4.

20. Das jetzige Teubner'sche Haus, Grimmischer Steinweg No. 61, Augustusplatz No. 2.

21. Gegenwärtig abgebrochen.

22. Der Unterschied zwischen diesen beiden Schießgräben war der, daß auf dem Ranstädter (dem alten) mit Bogen, auf dem Petersschießgraben (1588 angelegt) mit Armbrüsten geschossen ward; letzterer ist jetzt Petersteinweg No. 51, ersterer ist gänzlich abgebrochen und durch kein neues Gebäude ersetzt.

Anmerkungen.

23. Das spätere Jacobshospital, jetzige Georgenhaus, beim Eingange zum Rosenthal.
24. Gegenwärtig abgebrochen.
25. Das Theater wurde bekanntlich den 18. October 1766 eingeweiht.
26. Also am 28. März 1779.
27. Die Gemahlin Christians VII. von Dänemark, bekannt durch ihr Verhältniß zu Struensee, die, von ihrem Gemahl geschieden, in Celle lebte und dort 1775 starb. Das Denkmal ward ihr von den Landständen des Fürstenthums Lüneburg gesetzt und hatte daher für den jungen Lüneburger ein ganz besonderes Interesse.
28. Jugler schrieb „Churfürst", doch ist sonst nur der Name Kurprinz bekannt. Das Gebäude ist jetzt Roßplatz No. 8.
29. Markt No. 11.      30. Markt No. 2.
31. Markt No. 17.     32. Markt No. 16.
33. Auffallend ist, daß der Verf. des 1737 erbauten Koch'schen Hofes (Markt No. 3) nicht gedenkt.
34. Früher das Saber'sche, jetzt das Stecknersche (Petersstraße No. 1). Es war im 16. Jahrh. das Haus des Baumeisters Hieronymus Lotter, dessen Giebel die Schreibersche Vogelperspective noch aufweis't. Zwischen 1710 bis 1720 muß es abgebrochen worden sein; an seine Stelle trat das noch heute stehende stattliche Gebäude.
35. Die Worte „am Markte" sind unverständlich, denn das mir allein unter diesem Namen bekannte „Küstnerische Haus" lag in der Petersstraße (No. 42); sollen jene Worte nur sagen, daß außerdem am Markte noch viele große Häuser lagen? Das wäre ja richtig, denn außer Koch's Hofe (Markt No. 3) hat der Verf. z. B. auch Stieglitz'ens Hof (Markt No. 13) ausgelassen, sowie das Thomasius'sche Haus (Markt No. 10) u. s. w., auch in der Petersstraße Hohmann's Hof, der 1726 erbaut ward (Petersstraße No. 41) u. v. a.
36. Katharinenstraße No. 14.
37. Alle sonstigen Angaben nennen den Erbauer Romanus und Jugler entnahm den Namen Romani wohl nur aus dem Adjectivum „das Romanische" Haus. Dies ist Katharinenstraße No. 14 (Ecke des Brühls).
38. Brühl No. 78.
39. Vgl. Anm. 37.
40. Grimmische Straße No. 1.
41. Statt „vom Eingange an" stand anfangs „nach", und dies war das Richtige, denn der Stand des Malers auf jenem Bilde ist auf die Grimmische Gasse zu, nicht an deren Eingange.

## Anmerkungen.

42. Der Verf. folgt hier der hergebrachten Tradition; in Wirklichkeit waren es nur einige hundert, noch weniger kamen natürlich nach Leipzig.

43. Jetzt Ritterstraße No. 5—9 (No. 8 jetzt die Buchhändlerbörse), Goethestraße No. 3—6.

44. Ritterstraße 14 u. 14$^b$ (Palais).

45. An dieser Stelle steht jetzt der größere, nördliche Theil der Georgenhalle (provisorisches Reichsgerichtsgebäude); der Eingang war vom Brühl, jetzt also No. 42.

46. Ritterstraße No. 10, Goethestraße No. 7.

47. Petersstraße No. 19.

48. Schloßgasse No. 11—13.

49. Grimmische Straße No. 15.

50. Die sog. lectiones volventes, oder die „walzenden" genannt.

51. Das Paulinum hatte früher 2 Eingänge, den einen gegenüber dem Gewandgäßchen, den zweiten gegenüber dem Ausgange der Feuerkugel (Universitätsstraße No. 4). Dieser letztere ist gemeint. Trat man durch diesen auf den Hof, so hatte man gerade vor sich das Zwischengebäude zwischen der Kirche und der Bibliothek, das noch bis vor Kurzem die Anatomie enthielt. Der Aufgang ist geblieben, wie ihn Jugler schildert.

52. Die damalige Wendeltreppe mündete bei der Thüre, die jetzt zum Lesezimmer führt; diese war damals der Eingang zur Bibliothek. Die Treppe ging nicht höher hinauf, da das zweite Stockwerk noch nicht aufgesetzt war, daher war gleich an der Wand daneben der Eingang zur Anatomie. Bei der folgenden Schilderung sollte man meinen, da ausdrücklich beide Säle als gewölbt angegeben werden, daß der erstere das gegenwärtige Lesezimmer, der zweite das jetzige Manuscriptenzimmer sei; aber wahrscheinlicher ist mir, daß der von Jugler beschriebene Saal, die eigentliche Bibliothek, damals noch beide Säle umfaßte, zwischen denen erst später die jetzige dünne Scheidewand errichtet wurde. Dann wäre das von Jugler genannte zweite Zimmer der jetzige erste Bibliotheksaal (Encyclopädien ic. enthaltend); er ist allerdings nicht gewölbt, und darin würde also Jugler sich einen Irrthum haben zu Schulden kommen lassen. Dagegen kein Widerspruch ist es, wenn er diesen zweiten Saal geräumiger nennt, obwohl er an Umfang weit hinter dem ersten Doppelsaal zurücksteht; denn dieser Ausdruck soll sich nur darauf beziehen, daß er nicht so mit Repositorien u. s. w. besetzt war, wie die eigentliche Bibliothek. Die rechte wie die linke Seite des ersten Saales bogen also beide im rechten Winkel um und die linke war die weitaus kürzere.

53. Vgl. über „die gnädigst confirmirte öconomische Gesellschaft" (J. G. Schulz) Beschreibung der Stadt Leipzig 1784, S. 244 fg.

## Anmerkungen.

54. Vgl. a. a. O. S. 249 fg.
55. Vgl. ebenda S. 251 fg.
56. Vgl. ebenda S. 252 fg.
57. Auch J. G. Schulz nimmt von ihr keine Notiz.
58. Grimm. Straße No. 11.
59. Kleine Fleischergasse No. 5.
60. Auch J. G. Schulz erwähnt keine dieser drei Sammlungen.
61. An der Südseite des Thomaskirchhofes, wohl sicher jetzt No. 2.
62. Das frühere Homannische Haus, Katharinenstraße No. 8.
63. Joh. Christ. Adelung, Sachsen-Gothaischer Rath, gab damals die Leipziger politischen Zeitungen heraus.
64. Klostergasse No. 13.
65. Petersstraße No. 36.
66. Jetzt Hôtel de Russie, Petersstraße No. 10—11.
67. Große Fleischergasse No. 20.
68. Hainstraße No. 5.
69. Lag der Post gegenüber, also wohl die jetzige Stadt Berlin, Klostergasse No. 1.
70. Brühl No. 85.
71. Auf dem Rathsweinkeller, also jetzt Markt No. 4.
72. Grimmischer Steinweg, Nordseite (No. 64); der Name ist jetzt dort nicht mehr vorhanden, sondern verlegt nach der Dresdner Straße No. 29.
73. Diese Pro Memoria liegen nicht bei dem Manuscripte.
74. Hieraus entwickelten sich bekanntlich die Gewandhausconcerte. Bereits im Jahr 1784 hielt Hiller seine Concerte „im neuerbauten Saale über dem Zeughaus".
75. Früher Dlle. Schmehling, die Goethe als Studenten hinriß.
76. Das ist ein Irrthum, die Parthe ist schon vorher von der Pleiße aufgenommen worden; es ist also die Pleiße gemeint.
77. Später der Reichelsche, jetzt ganz bebaut; aber die alte Sächergestalt verräth sich noch.
78. Unausgefüllt geblieben. Sicher ist aber das Denkmal aus pirnaischem Marmor gemeint, das „dem guten Jüngling L. P. Zeisold" gewidmet ward, der hier 1776 ertrank. Schulz giebt an, daß das Denkmal auf der andern Seite gestanden habe und von dem Herrn Winkler gesetzt worden sei, dessen Wiesen hier die Pleiße berührten.
79. Später der „Botanische Garten", jetzt im Begriff bebaut zu werden.
80. Dieser Garten ist nicht zu verwechseln mit dem Winklerischen Garten an der Wasserkunst (jetzt Schwägrichen's Garten), den der Plan unter D aufführt.

## Anmerkungen.

81. Es war der Garten zu dem Gebäude, jetzt Augustusplatz No. 1. Das Monument Gellert's stand später bekanntlich auf dem Schneckenberge.

82. Die Inschrift ist nicht mitgetheilt, auch sonst wohl nicht erhalten.

83. Das gesammte Terrain zwischen den Hintergebäuden der Johannisgasse, der Thalstraße, Ulrichsgasse und Roßplatz, das jetzt von der Königs- und Roßstraße durchschnitten wird.

84. Der später Richter'sche, jetzt Lehmann's Garten; meist bebaut.

85. Der früher zu dem Hause Gerberstraße No. 2 (des erbländ.-ritterschaftlichen Creditvereins) gehörende Garten, längst resp. bebaut und planirt.

86. Früher Weiße'ns Garten, später Reichenbach's, endlich Gerhard's Garten, nun längst bebaut (Lessingstraße).

87. Das erst vor einigen Jahren abgebrochene, welches durch die Abbildungen von Poniatowsky's Tod weltbekannt geworden ist.

88. Später das Krumbhaarische, endlich Schimmels-Gut genannt, jetzt im Begriff zu Bauten parcellirt zu werden. Aus den vier Dämmen durch die Teiche ward erst viel später eine Insel zusammengekarrt.

89. Der bekannte, leider jetzt auch nur noch theilweise erhaltene Reil'sche Garten, zu dem Gebäude Löhr's Platz No. 4 gehörig.

90. Zum größeren Theil noch erhalten, zum sog. Kurprinzen (Roßplatz No. 8) gehörig.

91. Der später sog. „Große Kuchengarten", in Reudnitz, östlich nicht weit entfernt von der Milchinsel. Der Besitzer war noch 1784 derselbe wie zu Goethes Zeiten. Die „Kohlgärten" begannen bei der Milchinsel (Eichel's Pfuhl) und erstreckten sich bis über Anger und Crottendorf hinaus.

92. Dies Unwesen muß zu Jugler's Zeit sehr arg gewesen sein. In dem „Tableau von Leipzig" (1784) heißt es: „Ein Edict des Rathes hat die Lohnkutscher, die bei der Promenade still halten, eingeschränkt, daß sie nicht mehr mit Unhöflichkeit und Ungestüm alles Heuster die Peuster in ihre Chaisen laden, was nicht eingeladen sein will. Sie trieben sonst nur Kurzweil mit denen, die das Fahren ausschlugen, und wenn's beim Auspfeifen blieb, da hatte man von Glück zu sagen." Vgl auch S. 103.

93. Von dem Johannismännchen sagt das „Tableau von Leipzig" (1784) u. A. Folgendes: „Die ganze Stadt Leipzig würde in Feuer untergehen, wo dieser Brauch nicht beobachtet und dies Männchen nicht auf die eleganteste Art gekleidet würde. An dem Morgen strömt die ganze Stadt hinaus zu dieser Solennität. Man nimmt Caffee daselbst

Anmerkungen.

ein, man hört einer Predigt zu, man trinkt reines Wasser von einem gewissen Brunnen, man füllt stillschweigend eine Bouteille und trägt sie mit sich nach Haus, die Mädchen waschen sich mit diesem Wasser, denn das hat auf die Schönheit die nemliche glückliche Wirkung, als das Wasser in der Charfreitagsnacht aus einem Flusse geschöpft. Man begafft das Männchen, man macht den Pöbel glauben, daß nun von neuem der Theurung, dem Krieg, der Feuersgefahr und allen Uebeln vorgebeugt sey, weil man nicht unterlassen habe, diese Mönchsalfanzerey nicht aus der Gewohnheit kommen zu lassen. Es ist ein großes Fest für den Pöbel, er ist ausgelassen, er tanzt und springt u. s. w." Der genannte „Gesundbrunnen" ist bekanntlich der Marienbrunnen zwischen Thonberg und Connewitz.

94. Die Vogelwiese lag westlich von der Funkenburg.

95. Vergleiche Anm. 92 und was Jugler selber oben S. 95 erzählt.

96. Schilderung einer solchen Gasterei von der Einladung durch den Traiteur bis zum Bezahlen der theuren Rechnung f. in „Leipzig nach der Moral", S. 287—298.

97. Schulz nennt ihn den Rudolphischen und so hieß er auch später; er lag zwischen Winkler's und Apel's Garten, gegenüber der Pleißenburg, namentlich an den Apel'schen gränzend, an der jetzigen Rudolphstraße.

98. Im Romanusschen Hause, Ecke des Brühls und der Katharinenstraße, jetzt Brühl No. 14.

99. Im Brühl No. 78.

100. Also in der jetzigen Schützenstraße. Genauer vermag ich ihn nicht nachzuweisen, auch nicht, ob er auf der nördlichen oder südlichen Seite der Straße lag.

101. Diesen finde ich sonst nicht erwähnt. Sollte er identisch sein mit dem von Schulz genannten „Reichischen, vor dem Ranstädter Thor an der Altenburg", also wohl da, wo jetzt die Lortzing- und Pfaffendorfer Straße laufen, wo frühere Pläne den Teutscherischen Garten nennen.

102. Vgl. Anm. 97.

103. Er metamorphosierte sich im Laufe der Zeit zu Lurgensteins Garten, an der Pleiße No. 5—5¹.

104. Auf dem Terrain zwischen Mühlgasse und Pleißengasse, vielleicht jetzt Mühlgasse No. 6.

105. Ueber diese interessanten und überaus seltenen Ansichten von Leipzig mögen die nachstehenden Mittheilungen hier Platz finden. Der Titel lautet vollständig:

„Malerisch schöne Aussichten von der Stadt Leipzig. Nebst einer kurz gefaßten historischen, statistischen und topographischen Beschreibung von der gegenwärtigen Verfassung dieser Stadt, und genauer Erklärung dieser Aussichten. Mit 36 nach der Natur aufgenommenen und nach dem Leben ausgemalten Prospecten. Herausgegeben von A. F. Geisler dem jüngern und K. B. Schwarze. Leipzig, 1784, im Selbstverlage der Verfasser und in Commission in der Buchhandlung der Gelehrten." Quer gr. 8°.

J. G. Schulz führt in demselben 1784. Jahre einen Adam Friedrich Geisler d. jüng. als „der Rechte Kandidat" auf, einen Karl Georg Schwarze unter den Künstlern, „geb. zu Leipzig 1757, zeichnet und sticht Landschaften." Auffallend ist die Verschiedenheit des einen Vornamens, dennoch die Identität wohl sicher. Dann sehen wir schon hieraus, daß Schwarze der Künstler war und der statistische Text wohl von Geisler geliefert werden sollte.

Die „Erste Lieferung mit 12 Prospecten" erschien 1784, in blauem Umschlage, dessen innere Seiten zu kurzen aber guten Orientirungen benutzt waren; „die Beschreibung folgt bei der 3ten Lieferung." Die „zwote" Lieferung ward zu Weihnachten versprochen. Dies wird eingehalten worden sein, denn beim Erscheinen dieser Lieferung, deren Titel allerdings die Jahreszahl 1785 trägt, übrigens aber, von einigen geringen Abweichungen abgesehen, genau zum Titel der ersten Lieferung stimmt, ward das Erscheinen der dritten Lieferung zur Ostermesse 1785 versprochen; die Jahreszahl unter den Stichen lautet auch überall 1784. Im Betreff der Beschreibung ward wieder auf die dritte Lieferung verwiesen.

Nunmehr aber trat eine Differenz zwischen den beiden Bearbeitern ein, die das Erscheinen der dritten Lieferung etwas verzögert zu haben scheint, denn auf meinem Exemplare der zweiten Lieferung findet man die Worte „zur Ostermesse" mit Tinte corrigirt in „gegen Michael". Der Titel dieser dritten Lieferung lautete wesentlich anders. Jede Rücksichtnahme auf den zu liefernden Text fehlte jetzt, dafür hieß es: „Statt der auf den Umschlägen der ersten und zweiten Lieferung versprochenen Beschreibung werden künftige Michaelmesse (doch wohl noch 1785) einige Blätter Prospecte den Pränumeranten unentgeltlich nachgeliefert. Man sehe auch die Anzeige auf der zweyten Seite dieses Umschlags." Als Bezugsort wird jetzt genannt „Beym Verfasser im Preussergäßchen, und in dem Intelligenz-Comtoir."

Auf jener zweiten Seite des Umschlags steht nun ein „Vorbericht" von Schwarze, datirt „Leipziger Ostermesse, 1785", in dem er laut Klage gegen seinen bisherigen Theilnehmer erhebt. „Ich war sonst mit demselben bey meiner ersten Ausgabe in Verbindung, da Er die Beschreibung dieser Prospecte übernommen hatte. Er wird am besten wissen, welche geheime Ueberschreitung unsers Contractes mir anrieth, die Verbindung mit ihm aufzuheben, und die ihn verleitete zum Gebrauch seiner Beschreibung ein Nachstecher zu werden u. s. w." Offenbar ironisch wird hinzugefügt, daß die vortrefflichen Copien des Hrn. A. F. Geisler die seinigen durch so viel Hervorstechendes überträfen.

Dieser Vorbericht giebt uns den Schlüssel zu der Entstehung des nachstehenden Kupferwerkes, das ganz geeignet ist, bibliographische Verwirrung mit dem oben genannten zu veranlassen. Im Jahre 1785 erschien:

Malerisch schöne An= und Ausfichten von der Stadt Leipzig. Nebst einer kurz gefaßten ɾc. (fast genau wie bei obigem Werke). Herausgegeben von A. F. Geisler, dem jüngern.

Die Beschreibung wird auch hier für die dritte Lieferung versprochen, als Bezugsquelle dieselbe, wie auf den 2 ersten Lieferungen jenes Werkes angegeben. Die Einrichtung ist ganz dieselbe, auch hier der Umschlag blau, mit ähnlichen kurzen Beschreibungen bedeckt, nur das Format ist größer. Die zweite Lieferung ward zu Johannis versprochen, und beim Erscheinen dieser die dritte „gegen Martini dieses Jahres" (1785). Als Bezugsquelle giebt das zweite Heft an: „zu Händen bey dem Herausgeber selbst, und auswärts in allen ansehnlichen Buch= und Kunsthandlungen." Es ist also, als ob die Buchhandlung der Gelehrten sich von diesem Unternehmen losgesagt habe. Zum Schlusse heißt es auf dem Umschlage, bei der dritten Lieferung solle die topographische Beschreibung unentgeltlich folgen.

Ob dies dritte Heft mit der angekündigten Beschreibung gefolgt ist, vermag ich nicht anzugeben. Zu Gesicht ist es mir nicht gekommen. Es scheint, als ob das unwürdige Unternehmen unvollendet geblieben sei.

Denn ein unwürdiges Unternehmen war es wirklich. Wenn sich Schwarze über Nachstich beschwerte, so hatte er dazu ein volles Recht. Die 12 Prospecte der ersten Lieferung verdienen diesen Namen durchaus, wenn auch unter scheinbarer Verrückung des Standpunktes des Malers jedesmal noch Einiges hinzugefügt und Anderes verschoben ist. Die Ausführung, offenbar überhastet, ist überaus elend, die Regeln der Perspective sind auf das gröblichste verletzt. Weder Zeichnung noch Colorit kann sich entfernt messen mit den saubern Zeichnungen und der saubern Colorirung bei Schwarze. Noch schlechter ist das zweite Heft ausgefallen, bei welchem der Herausgeber auf eigenen Füßen stehen mußte. Da ja Geisler selbst nicht Zeichner war, so hatte er sich mit dem Kupferstecher Weise zusammengethan, von dem sämmtliche Stiche der ersten Lieferung und

## Anmerkungen.

drei der zweiten herrühren, während die übrigen keck unterschrieben sind ed. Geisler jun. et fec. Jener Weise wird Carl Ehrenfried Weise sein, den J. G. Schulz unter den Kupferstechern aufführt: "geboren zu Königstein 1752, sticht und zeichnet."

Die 36 Prospecte von Schwarze sind eine wackere Arbeit. Die ersten 12 geben den Blick auf die Stadt von der Promenade aus, und es bleibt kaum eine Lücke; die 12 folgenden geben die nächste Umgebung der Stadt und die äußern Thore, zu denen sich noch der Kuhthurm gesellt. Die 12 letzten sind von größerm Format, was vielleicht durch das größere Format des inzwischen aufgetretenen Concurrenzunternehmens veranlaßt ward; sie enthalten Bilder aus dem Innern der Stadt, und zum Schluß einen Blick auf die "Moritz Pastey inwendig".

Es ist sehr schade, daß diese Ansichten sich, wegen des Colorits, nicht zu einer photolithographischen Nachbildung eigneten; sie würden sonst eine vortreffliche Zierde dieses Büchleins abgegeben haben.

*Der Herausgeber.*

www.ingramcontent.com/pod-product-compliance
Lightning Source LLC
Chambersburg PA
CBHW031503160426
43195CB00010BB/1096